# Noam Chomsky
# ノーム・チョムスキー

リトル・モア

# Noam Chomsky
# ノーム・チョムスキー

# 目次

Noam C

# Noam Chomsky
# ノーム・チョムスキー

講演

**テーマ：アメリカの軍事、人権、社会医療**
**二〇〇二年五月二十五日**
**ニューヨーク州ブロンクス、モンテフィオーレ・メディカルセンター**

発表されているテーマに沿って世界におけるアメリカ合衆国の役割について考えたいと思います。なぜアメリカに焦点を当てるのか。ここで触れておきましょう。アメリカは世界でもっとも大きな力をもっています。圧倒的なのは軍事力だけではありません。現代世界の出来事に対して決定的な影響力をもっているのです。

第二の理由は、当然のことですが、アメリカが私たちの住む国であるからです。我々は他に例のないほど自由で、また、大部分の人が国民としての特権に浴しています。これは自分自身の行動、そして政策決定への影響力の行使について重い責任があることを意味します。我が国が世界でもっとも力のある国でなかったとしても、これは我々にとってきわめて重要なことです。またそうあるべきです。

以上のことをここで敢えて口にしたのはなぜかと申しますと、このもっとも基本的で政治的・道義的に自明なことを追求しようとすると、とても不可解な反応を呼ぶからなのです。ここではお話ししませんが、検討に値することです。

ところで、世界におけるアメリカの役割について考える方法はたくさんあります。その一つが、アメリカの対外援助、特に軍事援助を検討する方法です。しかし、これはあまり魅力的な話題とはいえません。ご存知の通り、アメリカの対外援助は、先進国の中でももっとも少ないのです。そしてその対外援助から、ある裕福な国と中程度の国に対する援助を除くと、ほとんど何も残りません。この裕福な国というのはイスラエル、中程度の国はエジプトにあたるのですが。しかし、すべてを勘定に入れるとしても、まだ不気味なほどに少なく、それもますますひどくなっています。

とは言っても援助はしているわけです。事実、軍事援助はかなりの規模です。この点は検討する価値があります。なぜなら、アメリカが世界で何を行なっているのかの一つの指標になるからです。アメリカの対外援助と対外政策の関係は、学者の研究対象にもなってきました。

中でもノースカロライナ大学のシュルツ教授による、ラテンアメリカにおけるアメリカの援助に関する研究は有名です。約二十年前の論文ですが、その中で彼はアメリカの援助と人権侵害に非常に強い相関性があると指摘しています。彼は「アメリカの対外援助は、市民に対して拷問を行なっているラテンアメリカ各国、西半球において甚だしい基本的人権の侵害を行なっている国に偏っている」と述べています。

ほぼ同時期に、私との共著もあるペンシルベニア大学ワートン校の経済学者・ハーマン名誉教授が、同じ問題、特にアメリカの対外援助と拷問との関係について全世界を対象とした研究を行いました。その結果、アメリカの対外援助と拷問には驚くべきことに不気味なほど強い相関関係があることが判明したのです。アムネスティ・インターナショナルによる記録を見てもその関係は非常に密接だということがわかります。

統計的な相関関係からは、もちろん、その因果関係まではわかりません。拷問が行われている国に援助することで、アメリカ政府が利益を得ているとは思えません。ですから、彼は別の研究を行なってみました。こちらの方が重要な研究です。アメリカの対外援助と、その他の要素との相関関係を調べたのです。すると、アメリカの援助と投資環境の好転にもっとも強い相関性があることがわかりました。つまり、投資家にとって資源などを吸い取るチャンスが増大すればするほど、その国への援助も増加していたのです。

これはとてもわかりやすい相関関係ですね。アメリカ政府の政策がそちらの方向に向かうことは想像がつきますし、事実そうなのです。アメリカの援助と投資環境の好転が相関関係にあるという事実は驚くことではありません。

では、第三世界の諸国における投資環境を良くするにはどうすればよいか。もっとも良い方法としては、労働組合や農民のリーダーを殺害すること、宗教者を拷問すること、農民を虐殺すること、社会保障プログラムの土台を揺るがせること、などが考えられます。すると投資環境が好転します。そこでまた第二の相関関係が生じます。つまりシュルツ教授が発見したアメリカの対外援助と甚だしい基本的人権侵害の相関関係ですね。

恐らくこれが実情でしょう。アメリカが利益を得るために選んだ手段が、他国での甚だしい人権侵害という結果をもたらしたのです。

二十年前、ちょうどそれらの研究が発表された頃、レーガン大統領が就任しました。レーガン政権は、「テロとの戦い」を外交政策の焦点にすることを声高に主張して登場しました。特に焦点となったのは、国家が支援する国際テロです。彼らはそれを「現代におけるもっとも恐るべき疫病。堕落した文明の敵が犯す犯罪。蛮行への回帰」と呼んでいました。

レーガン政権内の穏健派、シュルツ国務長官が述べていますが、それは単なる弱さを露呈するような理想主義的な法的手段――例えば仲裁や調停など――でなく武力で対峙しなければならないものでした。そして、レーガン政権が目をつけたのは、この犯罪が多発している中米と中近東でした。

ではその結末を見てみましょう。中米と中近東では何が起こったのでしょうか。

ついでながら申し上げますと、先ほどのシュルツ教授の研究では、甚だしい人権侵害との相関関係が特に見られたのは対外軍事援助でした。彼の調べでは、援助が行われる先はニーズとは無関係でした。これは一九八〇年まで、カーター政権の間も続きました。カーター政権特有の人権のレトリックに影響されることもまったくありませんでした。

いったい一九八〇年代のテロとの戦いで中米と中近東に何が起こったのでしょうか。中米は墓地と化しました。約二十万もの人が虐殺されました。そして百万人以上の難民、孤児、終わりなき拷問、考えうるすべての蛮行が行われました。

ニカラグアに対しては、アメリカは攻撃を仕掛けなければなりませんでした。これは他の諸国のようにテロを実施する軍隊がニカラグア国内になかったためです。アメリカのニカラグア攻撃は本格的なものでした。何万もの人が亡くなり、事実上、国が崩壊してしまったのです。ニカラグアは現在、西半球で二番目に貧乏な国であり、二度と復興することはないでしょう。

ニカラグアの場合は、アメリカが他の中南米諸国、エルサルバドルやグアテマラ、ホンジュラスの場合のように国民だけを標的にしたのではなく、国自体を攻撃しました。そのため国として対応することができました。ニカラグアは法治国家として大規模な国際テロに対してとるべき手段をとりました。国際機関へ訴えたのです。国際司法裁判所は、国際テロ、違法な武力行使、国際条約違反としてアメリカを糾弾しました。そしてアメリカに、その犯罪行為を中止し多額の賠償金を支払うように命じました。

それに対してアメリカは、即座に攻撃を激化するという形で応じました。ちなみに、これは超党派的支持を得て行われました。そしてそのとき初めて、「軟目標」と呼ばれる標的、つまり診療所、農業協同組合などへの攻撃も、政府として命令を下したのです。これはニカラグアに親米派の大統領が生まれる年まで続きました。

国際司法裁判所の判決をアメリカが拒否した後、ニカラグアは国連の安全保障理事会に訴えました。アメリカは、すべての国は国際法を守らねばならないとする安保理に糾弾されるはずでした。が、その決議に対して拒否権を行使しました。つまり、現在、テロとの戦いのリーダーとされる国は、国際司法裁判所によってその国際テロ活動を糾弾された唯一の国であり、また、国際法を遵守しなければならないという安保理の決議にも拒否権を行使した唯一の国なのです。これは現在の状況と関連性があると言えるでしょう。今お話していることに言及する報道はいくら探してもありません。

他の中米諸国の場合は、ニカラグアよりもひどい状況でした。ニカラグアでは、軍隊が国民を守りましたが、エルサルバドルとグアテマラでは国民を攻撃するテロリストが軍隊だったのです。

この時期、アメリカの対外軍事援助をもっとも多く受けていたエルサルバドルでは、類い希な残虐行為が行われておりました。こうしてテロリストによる戦争は成功したのです。それがどのようなものだったか知りたい方は悪名高いＳＯＡ（ラテンアメリカ人兵士と警察官の養成機関。現ＷＨＩＳＣ）の資料をご覧になってください。ＳＯＡのスローガンには、「アメリカ軍は解放の神学（ラテンアメリカで一九六〇年代後半からカトリック教会の一部の聖職者らを中心に起こった運動。貧しい民衆の立場からキリスト教をとらえ直そうとした）を打ち破った」とありますが、これは実に正しい。アメリカのテロとの戦いの主な標的の一つがカトリック教会でした。彼らは、貧しい人々を優先するという「重大な間違い」を犯したために罰せられねばならなかったのです。

エルサルバドルがその劇的な事例です。エルサルバドルの一九八〇年代は、大司教の殺害で幕を開けました。そして有力なイエズス会神父六人の殺害で幕を閉じました。こうしてアメリカ軍は解放の神学を打ち砕いたのです。

誰もこの事実を知らないということが、我が国の知識人文化の興味深いところです。もしチェコで六人の知識人と大司教が、ロシアの支援でロシアの武器を使ってロシアで訓練を受けた軍隊によって殺害されていたら結果は違っていたでしょう。殺された人たちの名前はわかっていたでしょうし彼らの著作も読まれていたでしょう。ところが、何人のアメリカの教養人が、イエズス会知識人——我々が装備し訓練したエリート軍によって殺されたラテンアメリカを代表する知識人——や大司教、そして七万人の人々——例によって大半が農民——の名前を挙げることができるでしょうか。ちょっと実験をしてみてもいいですね。

我々について興味深いことがわかります。これは知っておくべきことです。

以上が最初の焦点である中米でのテロとの戦いの成功の顛末ですね。では中東ではどうでしょうか。テロとの戦いの第二の焦点です。国が支援したテロによる残虐行為が多かったことは確かです。その最悪の例は、一九八二年のイスラエルによるレバノン侵攻でしょう。二万人が犠牲になりました。

これは国際テロです。アメリカがゴーサインを出し、武器を供与し、そして外交的なサポート――国連の安全保障理事会での、戦闘を中止し軍隊を撤退させる様々な決議に拒否権を行使――で実現したのですから。レバノン侵攻は大成功でした。イスラエル軍のエタン参謀長は、作戦が成功したことを即刻発表しました。そして占領地域の諸協議からＰＬＯ（パレスチナ解放機構）を排除しました。

事実、これこそが侵攻の目的でした。レバノンとはまったく関係なかったのです。侵攻はイスラエルでは「占領地域のための戦い」と呼ばれていました。ＰＬＯが執拗に話し合いによる紛争の解決を求めたのがうるさくて仕方がなかったのでしょう。イスラエルは話し合いによる解決は望まなかったのです。そしてＰＬＯの破壊と追い出しに大成功したのです。

これは国際テロのお手本です。アメリカ政府はテロの定義を「政治的、宗教的、もしくは他の目的で、脅迫や恐怖を誘発するために、民間人に対して脅しや暴力を行使する」としています。これ以上のわかりやすい事例はありません。アメリカが決定的な役割を果たした国際テロです。

留意していただきたいのは、ここで私はアメリカに好意的に解釈しているという点です。これは国際テロよりもはるかに悪質であるとおっしゃる方もいるでしょう。侵略に他ならないと。実際のところ、そう呼ぶべきでしょう。もし侵略であれば、アメリカとイスラエルの指導部はニュールンベルグ裁判にかけられるべきです。しかし、ここでは好意的に解釈するとして、単なる国際テロとしておきます。これは歴然とした事実であり、一九八〇年代最悪のものです。

アメリカは、この戦争の理由を二十年もの間、偽ってきました。当然明らかにすべきことです。一月二十四日、ついに『ニューヨーク・タイムズ』が一部始終を明らかにしました。同紙エルサレム支局長ベネットによる別のテーマについての記事を注意深く読むと、その中の一つのセンテンスに真実が語られていることがわかります。

アメリカでは初めてでしたが、二十年前のイスラエルではよく知られていたこと、そして、この二十年間イスラエル情報筋からの情報を元にした反体制文書には書かれていたことが記事にあります。つまりあの戦争は政治目的のためだけに戦われたということです。ヨルダン川西岸のための戦争だったのです。パレスチナ側からの話し合いという「脅威」を排除するためだったのです。

これは真実です。この二十年間、アメリカ国民だけが知らされなかったのです。やっと真実を述べた文章が存在することになりました。これからは『ニューヨーク・タイムズ』を引用できます。ですから、これは改善といえましょう。

これが中東における最悪のテロです。他にもあります。中東でのテロのピークは一九八五年でした。この年には、ＡＰ通信社の毎年恒例の編集者による投票で、中東のテロの記事が年間のトップになりました。テロ研究者たちも一九八五年を特別な年としています。これは理解できます。一九八二年ほどではありませんが、一九八五年にもテロが多発しましたから。

テロがピークに達した一九八五年に、中東で起きた最悪のテロ行為は何だったか。三つの候補をあげることができます。この三つは他を大きく引き離しています。

一つはベイルートで車に爆弾が仕掛けられた事件です。モスクの外に仕掛けられ、最大の被害を狙って、モスクから人々が立ち去る時間にタイマーが合わせられていました。狙い通り八十名が亡くなり、二百五十名が負傷しました。これは強力な爆弾で、通りを隔てたところでベッドに寝かされていた赤ちゃんたちが犠牲になるなどの被害がありました。亡くなった人の大半はモスクから出てきた女性や少女たちでした。爆弾はイスラム教の指導者を狙ったものでしたが、彼は難を逃れました。あの事件は元をたどればＣＩＡやイギリスの諜報部にたどり着くのですが、特に取り上げられませんでした。これが一九八五年に中東で起きたワースト・テロ活動の候補の一つです。

次の候補は、その数カ月後のイスラエルによるチュニス爆撃でしょうか。チュニジア人およびパレスチナ人七十五名が亡くなりました。スマート爆弾（特殊な誘導装置をつけることにより、着弾誤差を小さくした爆弾）を被弾しバラバラに飛び散ったのです。犠牲者は民間人でした。この爆撃は、イスラエルではヘブライ語新聞のベテラン記者によって生々しく伝えられたのですが、アメリカではあまり大きくは報道されませんでした。これも国際テロでした。アメリカが深く関与していました。一つに、あの地域を担当するアメリカ第六艦隊が、イスラエルの爆撃機がチュニスに向かっていることを知りながらチュニジアの国民に通報しなかったのです。チュニジアはアメリカの同盟国です。

この爆撃についてシュルツ国務長官は、間髪入れずにイスラエルの当時の外相に電話で祝辞を述べ、テロ攻撃にアメリカとしての賛同を表明したのです。実は、国連の安保理が全会一致の決議によりイスラエルを武力侵略のかどで糾弾した後、シュルツ長官はこの虐殺へのオープンな賛辞を撤回しました。そしてアメリカは、その決議を棄権しました。それは自国の非を認めたようなものでした。

しかし、この件についてもアメリカとイスラエルを好意的に解釈して、武力侵略とはせずに国際テロと呼ぶことにしておきましょう。これが二つ目の候補。レバノンの場合と同様、これも防衛のためとはいえません。

第三の候補として考えられるのは、一九八五年三月にペレス首相がレバノン南部に対して行なったアイアンフィスト作戦ですね。イスラエル軍は最高司令部がテロリスト村であるとみなした村を攻撃。大規模な虐殺や残虐行為に及びました。イスラエル軍やレバノン南部のイスラエル傭兵部隊によって多くの村民が殺されました。またたくさんの人々が誘拐されイスラエルに連行されて尋問されました。拷問され投獄されたのです。

規模についてはまったくわかっていません。というのはジャーナリズムも学界も自国の行なった残虐行為について調査研究は行わないという原則があるからです。自国以外が行なった残虐行為については何人犠牲になったのか、その最後の一人までわかる仕組みになっています。しかし自国のやったことについては、まったく手掛かりさえない状態です。

例えば、ベトナム戦争も、当然、何百万の人々が犠牲になっているのですが、それ以上くわしくはわかっていません。誰がいちいち数えたいと思うでしょうか。南ベトナムにおけるアメリカの化学兵器で何十万人が亡くなったか、そんなことをわざわざ数えたいと思っている人がいるでしょうか。アメリカ以外では大まかな推定の試みはありました。しかし、アメリカでは争点にならないのです。そういうことはどうでもいい。そんなものなんです。

というわけで、アメリカとイスラエルによる南レバノンの国際テロとアイアンフィスト作戦でいったい何人の人が犠牲になったのかはわからないのです。攻撃を遂行したのは当時政権にあった左翼・和平党でした。

私が知っているのはこの三つの例だけですが、だいたい同じくらいの規模でした。あの地域でこの三つに匹敵する国際テロは他にありません。中東という二番目に重要な地域でのテロとの戦いがいかに戦われたかの良い例といえるでしょう。

もちろん、他の地域でもテロとの戦いはありました。例えば南アフリカですね。南アフリカ内部で起こったことはここでは置いておきます。南アフリカ周辺諸国に対して南アフリカが行った略奪行為で犠牲になった人は百五十万人くらいという推定があります。モザンビークとアンゴラではレーガン政権期の一九八〇年から一九八八年だけで約百五十万人が犠牲になり六百億ドルの損害がありました。

当時は「建設的な取り組み」と呼ばれた時代で、南アフリカはアメリカの大事な同盟国とされ、そしてマンデラ率いるアフリカ民族会議は、「世界でもっとも悪名高いテロ集団の一つ」とされていました。これは一九八八年当時のことです。当時、南アフリカは、以前八年間の活動をもって大事な同盟国とされていたのです。このまま続けて世界各地の事例をあげることもできます。

テロとの戦いというお題目の下、アメリカの対外援助と大規模な人権侵害には強い相関関係があることがおわかりでしょう。

次に、連続性ということに目を向けてみましょう。現在のテロとの戦いを主導している人たちは当時いったい何をしていたのでしょうか。

まず現在のテロとの戦いで軍事面を統括しているのがラムズフェルド国務長官です。彼は当時レーガン大統領の中東特使を務め、これまでお話してきたテロとの戦いの責任者でもありました。現在のテロとの戦いの外交面でのトップはネグロポンテ国連大使です。彼は当時駐ホンジュラス大使でした。ホンジュラスは、中米、特に対ニカラグア作戦の準備と統括のためのアメリカのテロ活動基地でした。当時のアメリカの活動は国際司法裁判所に糾弾されています。

　そんな二人が現在のテロとの戦いを主導しているのです。彼らは最初のテロとの戦いで非常に重要な役割を果たしています。しかし、それは彼らに限ったことではありません。何か思い当たりませんか。同じ顔ぶれ、同じ機関、同じ政策。第二のテロとの戦いの結果はどうなるのでしょうか。結果も同じといって良いでしょう。

　これについて学界では論議があります。例をあげてみましょうか。テロとテロ問題を扱う学術雑誌『カレント・ヒストリー』の十二月号をご覧になってください。寄稿者である学者やアナリストは、一九八〇年代を国家テロの十年と位置付けています。事実その通りでした。

　その中でアメリカは、「未然防止策」によって、当時の国家テロに効果的に対抗したと書かれています。これまで私がお話したアメリカのとった行動は、テロに対する防御としての未然防止策であったというのです。また、国際司法裁判所に糾弾されたニカラグアとの戦争でアメリカがとった行動は今後のテロに対峙するときの模範とされています。特に二人の寄稿者は、ニカラグアに対するコントラ戦争はアフガニスタン北部同盟へのアメリカの支援の模範となると指摘しています。

一九八五年の中東についても言及されています。いくつかの事例があげられているのですが、もちろん、私が例としてお話したものとは異なっています。彼らは、一九八五年をテロのピーク期であったとし、その理由として二つの事件をあげています。どちらも犠牲者は一人、いずれもアメリカ人です。一つはハイジャックで一人のアメリカ軍将校が亡くなっています。もう一つは有名なアキレ・ラウロ号事件です。犠牲者は身体に障害のあるアメリカ人・クリングホッファーでした。

どちらも確かにテロです。それぞれ一名の命が奪われました。私がお話したテロとは比較になりませんが、テロであることは確かです。クリングホッファーの殺害事件は、つい数週間前にジェニンで車椅子の障害者が戦車を避けようとして轢き殺されバラバラになった事件に匹敵します。二日前に起きた、透析を受けるために病院に向かっていた若い女性が引き止められた事件もそうです。彼女も車椅子に乗っていました。そして亡くなりました。これ以外にも同様の事件はあります。次々と紹介できますが、連続性をお見せするまでのことです。しかし当然のことですが、どれもテロとは言えません。

アキレ・ラウロ号事件はテロには違いありません。それが一週間前のもっと大規模なテロ、チュニス攻撃への報復だったとしても正当化されるものではありません。これは一般論ですから結論は自分で出してください。もちろん基本的な道義を念頭におくことが前提です。一度こうした議論から自分自身を完全に切り離してみると結論がでるかもしれません。

まだ続きます。同じ号でＵＣＬＡの教授である有数のテロ研究者がビンラディンのルーツを深く掘り下げています。イスラム教だけに限らずベトナム戦争までたどり、「南ベトナムのベトコンによるアメリカへのテロは、アメリカのハートランド（中核、心の拠り所）も無防備であることに気づかせた」と主張しています。南ベトナムの人々が我々に対するテロを展開しているときアメリカのハートランドは無防備だったということになります。

また、例えばナチスの公文書に、この分析に類似したものがないかを調べるのも一案ですね。やってみてください。我々の帰属する道義的文化と知的文化の本質についての面白い見方の一つです。この点についてはは無関心でいてはならないと思います。

では次に参りましょう。私がお話した中米や中東、南アフリカなどにおけるテロ活動は、テロには分類されません。テロに関する学術論文では、これらはテロ史には入りません。記述されることはあってもテロとしてではありません。報復テロか正義の戦争として記述されます。我々や我々の同盟国に対するテロのみがテロなのです。それより規模が大きくても、我々や我々の同盟国が他者にテロを行なった場合はテロにはなりません。これは報復テロもしくは正義の戦争というわけです。

この考え方は、私の知る限り世界共通、ほぼ普遍的なものです。このことについて大量の文書にあたってみて例外があるかどうか調べてください。アメリカだけではありません。様々な国を調べましたが、どこを調べても同じでした。ヨーロッパの帝国主義時代を貫いているのは「我々が行うのは、彼らに対する報復テロか正義の戦争であり、野蛮人などに文化をもたらすもの」という考え方です。9・11まで西側は攻撃を受ける心配はなかったのです。

歴史上もっとも極悪な殺人者もそうでした。同じテクニックを使ったのです。例えばナチス。ナチスが占領したヨーロッパの記録を読むと、彼らは、国民と合法的な政府を外国から仕向けられたパルチザンのテロから守っていたとされています。すべてのプロパガンダ同様、たとえそれがどんなに低俗であっても、一抹の真実は入っているものです。

パルチザンはテロ活動をしましたし、それがロンドンから指揮されていたことも疑う余地はありません。そしてヴィシー政権（一九四〇年、中部フランスのヴィシーに設置された対独協力のファシスト政権）も、アメリカや他の帝国主義権力が全世界で樹立する大部分の政権と同様に合法ですから、ナチスのこのグロテスクなプロパガンダもわずかながら正当化できるわけです。これは我々のやっていることと酷似しています。

満州国や中国北部で日本人がやったことも同じです。「彼らは住民にこの世の天国をもたらし、満州民族の国民政府を中国の無法者から守った」などということになります。我々に非常に似ています。

一九六〇年代にランド財団（国防省のための仕事を主にしている調査機関）が一九三〇年代

の日本の満州国および中国北部における対内乱活動文書を発行しました。それについて私は論文を書いたのですが、そこで日本の対内乱活動文書と六〇年代当時のアメリカのベトナムにおける文書を比較しました。これが非常に似ていたのです。理由付けや正当化、考え方が同じでした。

この論文には反響がありませんでしたね。ある学術文献の中で、たった一回参照されただけでした。それは中国北部と満州国での日本の残虐行為についての文献でしたが、その中の脚注で、日本の残虐行為について面白い弁護をする人もいるとして私の論文があがっていました。私にはその理屈がわかります。アメリカの残虐行為は当然のこと「慈愛に満ちた」ものであるので、日本とアメリカの残虐行為を比較している私は日本の残虐行為を正当化しているのだろうということになります。これ以外に理解のしようがありません。

私の知る限りでは、これは全世界共通の法則です。我々が行うのは報復テロか正義の戦争となるのです。他国がすればテロです。規模も何も関係ないのです。

一九八〇年代がそうでした。そして一九九〇年代の後どうなったのかを見て行きましょう。現在の、軍事援助のみを見てみましょう。

イスラエルとエジプトを別にすると世界のトップはエルサルバドルでした。エルサルバドルは大量テロ時代の真っ最中でした。その後、アメリカ軍が解放の神学を首尾よく叩くと、援助額は落ちこみ、代わりにトルコが、一九九九年以降はコロンビアがトップに踊り出ました。

個人的なことですが、私はこの両国に行ってきたばかりです。一九九〇年代におけるテロリストの残虐行為がもっともひどかった地域です。先週はコロンビア南部、そして、数週間前にトルコ南東部へ行ってきました。

なぜトルコなのか。もちろん、トルコは以前からアメリカ軍事援助の主な被援助国でした。トルコは地理的にソ連、中東などと近接した戦略的に重要な位置にあります。冷戦期を通して高レベルの軍事援助を受け続けました。一九八四年にそれに変化がおきました。急激に援助額が上昇しそれが一九八八年まで続き、一九九〇年代も増加し続けました。クリントン政権時代だけでもアメリカのトルコへの軍事援助は冷戦時代の一九八三年までの援助総額のなんと四倍でした。一九九七年にはとうとうピークに達し、なんと全冷戦時代の総額を超えてしまったのです。

これは本腰を入れた援助だったのです。トルコ軍の武器の八〇パーセントを供給しました。それもピストルなどではありません。ジェット機や戦車、軍事顧問などでした。それはなぜか。その当時、クリントン政権時代の一九九〇年代をピークにしてトルコ政府は主としてクルド民族に対して国家テロを行なっていたのです。トルコ国民の約四分の一を占めるクルド人は惨めにも抑圧されていました。当時、彼らに対する大きな戦争がありました。私が訪問したのはこの地域でした。

「国家テロ」という用語の出典はいろいろあります。一つはトルコ有数の社会学者ベシクチ。彼は一九九一年に『中東の国家テロ』を著しました。これにはトルコにおけるクルド人地域のテロの記述も含まれています。彼はこの本を書くとすぐに投獄されました。私の知っている限りではまだ獄中にいます。クルド人は何十年にも渡って抑圧され続けていますが、彼はトルコによるクルド人抑圧の真実を報告しただけですでに十五年獄中生活を送っているのです。

ベシクチはアメリカの表現の自由基金から一万ドルの賞金を贈られましたが、受け取りを拒否しています。理由は、アメリカがトルコの国家テロへ大きな支援をしているからです。アメリカからの賞は受け取れなかったのです。彼の二度目の投獄にはイギリスの作家、学者、そして国会議員が強く抗議しました。しかし、アメリカでは抗議の声はあがりませんでした。理由は、我々がやっていることなのでテロではないからです。従って彼が報告しているのはテロであるはずがないので抗議する必要はないというのです。

これは代表的な「国際テロ」へのアメリカの参加です。この用語を使ったのは彼だけではありません。一九九四年にトルコの人権大臣が政府の行なっているテロは国家テロであると表現しました。当時、彼によると二百万人が家を追われていました。考えうるすべての野蛮な残虐行為が行われ何万もの人が殺害されました。

今ではもっと状況が悪くなっています。ついこの間私が訪ねたとき、人望の厚いクルド人人権委員会の委員長――ちなみにアメリカ大使館からも同じように評価されています――の推定によると、現在までに三百万人の難民と五万人の犠牲者が出ているそうです。私の訪問したディヤルバクル市では難民の多くが市外の洞穴などで暮らしていました。

私が訪ねた直後、委員長は国家治安裁判所に連行され起訴されました。罪を犯したのです。地域全体で催された新年を祝うお祭りについて彼が書いた文章がクルド語の綴りで書かれていてトルコ語の綴りでなかったという罪です。WとVを使うかどうかの違いです。彼は起訴中で、これからどうなるのかわかりません。

何人かの子供たちが着ている服の色を合わせてクルドの色になってしまっても、重大な脅威となり犯罪となったのです。私の滞在中も一人のジャーナリストがラジオ局でクルド音楽をかけていて逮捕され投獄されました。彼のラジオ局は閉鎖されました。実は、このとき私は政治裁判のために訪問していたのです。私のエッセイ集を出版したために発行人が公判中でした。そのエッセイ集にはトルコのクルド人の抑圧について三つくらいの文が入っていました。これは標準的な人権報告書から引用したものでした。この公判は海外から十分に注目されていたため彼は釈放されました。しかし、彼はあと六つ同じような罪で公判中なのです。まだまだ続きます。

私がディヤルバクルに滞在中のことです。多数の聴衆とテレビカメラ、そして、警察のカメラもたくさん並ぶ前で、私の講演の最後に驚嘆すべき勇気のある行動がとられました。三人の学生がクルド語・英語辞書を手に壇上に来たのです。これは大変勇敢な行動です。しかし説明するのが難しいですね、状況がわかっていないとそれがどういうことか理解できません。どのようにしてトルコにその辞書が持ち込まれたのかは誰にもわかりません。彼らがどうなったのかもわかりません。事態を追跡するのは難しいのです。

彼らにはたくさんの支援者がいます。イスタンブールはアメリカと違います。多くの作家やジャーナリスト、学者が、厳格な法律や抑圧と常に戦い、深刻な脅威にさらされています。投獄されてしまうのです。トルコの監獄は居心地の良いものではありません。しかし戦いは繰り返されてます。

私のトルコ滞在中、彼らは共同出版した発禁本を検察庁に提出しました。その中には獄中の人たちの書いたものも入っています。起訴を求めてのことです。このときは、海外から注目されていたので不起訴になりました。本当に抑圧されている場合、人々はこういう手段に出るのです。アメリカで人々が抑圧されているふりをするのとは事情が違います。滑稽なので私は笑ってしまうのですが、市民権や人権が深刻な問題になっているところでは知識人はこういうことまでするのです。どんな支援でもいいから必要としているのです。主にこちらからの支援を。

トルコの国家テロについてアメリカは高く評価しています。例えば、一九九九年に国務省ではテロに関する年次報告を発行しました。そしてトルコを「テロに対抗する積極的な取り組み」があったとして特に取り上げています。

つい先日、アメリカ大使が学術誌に投稿しています。それによると、反テロ活動で実証されたようにアメリカにとってトルコほどの友好国および同盟国はない、とされています。この反テロ活動とは私が先ほどお話したものです。トルコ政府はこれに対し大いに感謝しています。トルコの首相は、アフガニスタンの反テロ活動、つまりテロとの戦いでは、アメリカのためにいち早く地上部隊を派遣しました。その理由について首相は、トルコ政府の対テロ対策へのアメリカの援助への返礼であるとしています。

今現在トルコ軍はアメリカの資金でカブールを防衛しています。つまり、アメリカの資金で、一九九〇年代最悪のテロを行なった軍隊が、今度はテロとの戦いの一翼として世界有数のテロ国家から資金を得ているということになります。これについてマスコミの論評はまったくありません。お調べになってください。

一九九九年にトルコのかわりにコロンビアがアメリカの武器援助をもっとも受けた国の座に躍り出ました。理由は、トルコでの残虐行為が国民抑圧に功を奏したからです。コロンビアではまだ成功していなかった。これは特筆すべきことです。

一九九〇年代コロンビアの人権記録は西半球で他をかなり引き離し最悪でした。そしてご多分にもれず、他の西半球の諸国がアメリカから受けた援助――これには軍事援助も含まれます――を合計した額よりも多くの援助を受けています。これは別に驚くべきことではありません。

残虐行為はぞっとする様相を呈しています。コロンビア政府が実際に捜査したものがあります。「チェーンソー虐殺」というのがありました。コロンビア軍がある地域に出動し、チェーンソーで人々を切断し穴に放り込んだのです。さすがにこのときは処罰があったようです。上官であった将校は解任されました。ですから何も罰を受けないということはないのです。

コロンビアは労働組合員やジャーナリスト殺害の世界記録を保持しています。数年前、アムネスティ・インターナショナルの仕事でコロンビアへ行って来ました。これは世界各国の人権擁護運動をしている人々を保護する国際キャンペーンでした。コロンビアが第一番目の訪問地として選ばれました。それは、他国を引き離しもっとも多く人権擁護運動家および支持者を殺害しているという記録があったからです。

現在では、政治的理由による虐殺は一日におよそ二十人にまで達しているようです。毎月新たに一万人が流民になっています。すでに流民になっている二百万人にその数が毎月加わっているということです。流民は悲惨なスラムに行く他なく、そこでは医療も教育も何もありません。残虐行為についての取り調べが行われていますが、議論の対象にはなっていません。残虐行為の八〇パーセントが軍隊と軍に密接な関係のある民兵によって行われています。

過去十年間の残虐行為を振り返ってみますと、軍の関わった比率が下がり、逆に民兵の関わった比率が上がっています。これには理由があります。対外的な理由です。コロンビア軍に限ったことではありませんが、テロを実施する最良の方法は民営化することだとわかっているのです。インドネシアが東ティモールでやったように、またセルビアがボスニアでやったように、民兵にバトンタッチしたのです。これは普通に行われていることです。

民営化すると対外的に自分は無罪だと言える。ただ、学者の分析やヒューマン・ライツ・ウォッチなどの人権状況報告では、民兵を単にコロンビア軍の正規の五師団の次の第六師団とみなしています。この師団は、「もっともらしく否認」し続けるために、身の毛もよだつ残虐行為の責任をとるのが任務です。

クリントンはコロンビアを民主主義のリーダーとして褒め称えました。また、経済改革推進も賞賛の対象でした。後者については正解です。コロンビアは恐らく民営化においては世界をリードしているでしょう。つまり、資源を海外資本に手渡しているのです。これは投資家にとっては掘り出し物の宝庫といえます。先ほども申し上げた通り、民営化の一環としてテロの民営化があるのです。

アメリカも国際テロへの支援の民営化を図っているのです。ですから今ではアメリカ人顧問があふれるほどです。そしてその倍の数のアメリカ軍将校が、民間会社の一員となっていると見てよいでしょう。民営化の目的はコロンビアと同じです。関与否認です。政府が対外援助を行う場合、人権関連の条件を満たさねばならないという議会の法律があるからです。国際テロを民営化すると、被援助国への助言や武器支援は議会の監視下にはなくなります。

しかし、議会はもっと厳しい条件を加えました。今では単に法律の適用外とするわけにはいかなくなっています。そこで数週間前になりますがパウエル国務長官がコロンビアは米政府の人権基準を満たしていると判断しました。これは残念ながら間違っていません。もしご覧になりたければ、ヒューマン・ライツ・ウォッチおよびアムネスティ・インターナショナルが詳しいリポートを発表しています。ご覧になればいろいろなことがわかります。

結果はどうなったでしょうか。実のところ、私はコロンビア南部でそれを目の当たりにしたのです。カウカ県に数日滞在しました。ここは昨年コロンビア最悪の人権記録を残したところです。非常に悪い状況です。カウカの住民のほとんどが原住民と農民、そしてアフリカ系で占められています。ここでは「社会ブロック」という組織を作って、教育、社会、保険などの改革を遂行することに成功しています。

驚いたことに、彼らはなんと選挙で知事も選んでしまいました。誇り高く魅力的な原住民の血を引く知事です。原住民出身の高官が選出されたのはコロンビアでは初めてだと思います。会ってきましたが、かなりの人物です。こうした成果はお決まりの結果をもたらします。民兵の派遣です。民兵が地域全体に広がっています。残虐行為が多発しています。知事自身や現地の人々も含めた大多数が、知事は任期を持ちこたえられないと感じています。

数時間ですが、貧しい農民たちの証言を聞きました。彼らはテロについて話してくれました。私の聞いた証言の中で彼らが経験したもっともひどいテロはアメリカが直接行ったテロでした。燻蒸（くんじょう）作戦です。燻蒸は彼らの生活すべてを破壊します。作物も家畜も。子供たちも体中かさぶたに覆われて死んでいます。

彼らの大部分が貧しいコーヒー農家です。コーヒー栽培は手が掛かるうえに価格も抑えられています。しかし彼らは有機栽培の高品質なコーヒーをつくることでドイツなどの国際市場にも足場を確保することに成功していたのです。これは一掃されてしまいました。コーヒーの木が倒され土地が燻蒸され汚染されるとすべて終わりです。土地の汚染は元には戻りません。

生命や農作物だけでなく、生物の多様性もダメージを受けました。重大なのは農耕の伝統が崩壊してしまったことです。こういう豊かな伝統は世界各地に見られます。非常に豊かな収穫をもたらしたのは伝統があったからです。その奥深い理解と知恵が永遠に失われてしまいました。

結果として、この地域が農業に戻ったとしても、モンサント社（バイオテクノロジー技術を利用し、農業用種・苗、除草剤などの開発を行っているグローバル企業）から購入した、実験室で生まれた種を使って輸出農作物を単一栽培するということになるでしょう。他に選択の余地がないのです。重要なことは、アメリカの化学兵器戦と農産物破壊で住民がいなくなると、鉱物の露天掘り――周辺には豊かな石炭資源があります――や水力発電のためのダム、国際企業などに道が開かれていきます。

「住民や文化、地域コミュニティーについては忘れましょう」。なぜなら「あまり重要ではない」から。ある有名な哲学者の言葉を借りるなら、「つまらないもので生きる価値のない」から、ということになります。実はこれはヘーゲルがアフリカ人について述べた言葉ですが、それが我々の態度です。彼らはつまらないもので生きる価値がないから、彼らに対して何をやってもまったく平気だし咎(とが)められることもない。成果は称賛されるのみです。

これが我々の態度です。彼らはトルコ南東部のクルドの人々などと同様ですね。『ニュー・リパブリック』誌の編集者がお気に入りのテーマについて述べたことを引用しましょう。「パレスチナ人はクルド人やアフガニスタン人と同様に押しつぶすべきだ」。そうすれば「退屈」なパレスチナ問題は解決する、と言っています。これがつまらないものへの標準的な対処の仕方なのです。今に始まったことではありません。

これはアーミー共和党下院院内総務がつい最近反復したばかりです。彼の提案するイスラエル・パレスチナ問題の解決法は「アラブ人がすべて立ち去ること」です。とにかく世界にはまだまだ空いているところがあるのだから出て行けばよい。そうすれば問題は解決する。これがつまらないものに対処する正しい方法だ。これが我々の態度なのです。証明するのは簡単です。これはまた、アメリカの軍事援助と恐ろしい残虐行為の相関関係を説明するのにも役立ちます。

このまま延々と続けることもできますが、テロのもう一つの種類についてお話しして終わりにしたいと思います。つまり、人々の生活を立ち行かなくさせる経済戦です。西半球に限って見ても、アメリカの禁輸措置を受けている国が二つあります。ちなみにこの二つの国、キューバとハイチは、その昔、奴隷をもっとも多く受け入れた国でもあります。

対キューバ禁輸措置は、もう四十年にも及んでいます。これは広範囲にわたる対キューバ作戦の一環として行われています。キューバはつい最近、世界有数のテロ国家であるとレッテルが貼りなおされたばかりです。理由は、恐らく、過去四十年間の国際テロの主なターゲットになってきたことが挙げられます。

この状況は一九五九年以来続いています。一九八九年までの口実は、我々の首を絞めようとしているロシア帝国の手から自衛しなければならないというものでした。

つまりテロと経済戦を支援しなければならないということですね。一九八九年にソ連体制が崩壊し始め、その口実が使えなくなると、即座に、次の口実を持ってきました。以前の口実は忘れ去られ、禁輸措置はますます厳しくなりました。今度の口実は我々の「民主主義への愛」ということになりました。

以後、経済戦争を展開しキューバへのテロを支援してきました。これは我々の民主主義への愛ゆえです。コロンビアの場合、数年前には独立政党が認められ、その政党は選挙に候補者を出すことまで許されました。これは少し難しいことだったようで、数年以内に、アメリカが背後に控える暗殺部隊によってその政党の主だった人々三千人が殺されてしまいました。その中には大統領候補や市長なども含まれていました。そうは言いましてもキューバと比べるとかなり民主的です。話はここまでにしておきましょう。

禁輸措置は、他に類のないほど厳しく、かつユニークでした。実に食糧や薬品まで禁止しました。これはありとあらゆる人道法に違反する行為です。世界中から非難されています。ロシアの前哨基地キューバの攻撃に対する防御から民主主義への愛へのシフトは断りもなく実行されました。この突然の変更についていったい何人がコメントしているかチェックしてみてください。

「共産主義の脅威」という口実は常にまったくのごまかしでした。このことについては、機密解除された内部記録のおかげでもう何年も前からわかっています。ケネディ政権時代のものだったので今まで引用されることがなかったのかもしれません。歴史学者のシュレジンジャーが分析して提出した機密書類があります。かなりいろいろと明らかにされています。

キューバ禁輸措置の効果について、カーター元大統領も数週間前に発言しています。禁輸措置はカストロを助けてはいてもキューバ国民に損害を与えてはいない。唯一、損害を受けたのは北アメリカの人々です。例えばキューバに輸出したいと思っている農家や農業関連ビジネスですね。キューバには何の効果もないどころか、生活の質を向上させカストロを助けているのです。

他にもアメリカ世界保健協会のように検討をしている人たちがいます。協会では二、三年前に詳細な調査を行い、三百ページにわたる報告を出しています。それによると禁輸措置はキューバ国民の健康と栄養状態を著しく低下させ、国民の苦痛と死亡率を大幅に上げたということです。同協会によるとこれは人道上の大惨事にもなりかねないものでしたが、驚くべきことにキューバの保健制度がそれを回避していたのです。しかし、そのため財源が他のニーズに回らなかったようです。影響は明らかに出ています。

アメリカ軍による、解放の神学の打倒と同様に禁輸措置は成功でした。これが禁輸措置の一例です。もう一つの例は、もっとグロテスクなものかもしれません。ハイチの例です。ハイチは、この一世紀、アメリカ軍部の介入や他の介入の主なターゲットになってきました。今では西半球でもっとも貧しい国になっています。あと一世代か二世代もたないかもしれません。

国際関係理論を勉強した方ならご存知でしょうが、ウィルソンが「ウィルソン理想主義の実行」と称してハイチを侵略しました。一九一五年に海兵隊が侵略し、議会制度を破壊、奴隷制を復活させ、多くの人が犠牲になりました。ハイチでは、その数を一万五千人としています。そして国土をアメリカの投資家の植民地にしてしまい、さらに国家警備隊を配備しました。残酷で残忍な国家警備隊は以後ほとんどずっとアメリカを後ろ盾に国の実権を握ってきました。

ハイチでは、この状態が一九九〇年代半ばまで続きました。ブッシュ、クリントン両大統領は軍事政権を直接支援し最悪のテロが続きました。私はこの目で数日間見てきました。今では、この近くで、ハイチを代表する罪人のコンスタントがアメリカ政府にかくまわれています。ハイチではテロ罪で有罪となっています。彼は一九九〇年代初めに四、五千人のハイチ国民の殺害を行なった民兵のトップでした。当時、軍事政権を支援していたのがブッシュ政権とクリントン政権です。

ハイチでは彼の送還を実現させようとしていますが、アメリカ政府は対応しようともせず、報道機関もコメントさえ控えています。数千人の殺害に関与した殺人犯は引き渡すことはできません。彼を本国に戻せば当時起きていたテロとアメリカとの直接の関係について口を滑らす可能性が大きいからです。しかし、これについても報道はありません。

ファーマーによる医療の方面からの論評があります。軍事政権が排除された後、一九九五年までは、環アメリカ開発銀行などが荒廃した公共保健制度を再建しようと努力したのですが、それも中止されています。

禁輸措置でその努力も中止せざるをえませんでした。五億ドルの援助が差し止められたのです。プロジェクトは中止され、すさまじい状況をさらに悪化させました。他の貧しい諸国の場合と同様、ハイチを支援しているのはキューバだけです。キューバの医療関係者がたくさん派遣されていますが、失ったものはとても埋め合わせできるものではありません。

ついでながらハイチは海外からの借入をストップしているにもかかわらず、債務利子を払っているため破滅的状況に拍車がかかっています。これが第二の禁輸措置です。これはパウエル国務長官などが述べる民主主義への愛のなせるわざなのです。

昨今、テロの異常発生にどのように対処すればよいのかについての深刻な論評が飛び交っています。テロの脅威はどこにでもあります。世界からテロを大幅に減らすには一つの簡単な方法があります。それは「参加しない」ということです。これは大きな効果があります。すべてを解決することはできませんが、かなり減少はするでしょう。しかし、この基本的な点についての論議はありません。

　こういう問いかけが議題に上らない限り、そして、注目されない限り、この種のテーマについての議論は空回りになるでしょう。そして、世界中の苦しむ人々の窮状はさらに深まるだけです。

## テーマ：未来の奈落をのぞく

## 二〇〇二年三月二十二日

## カリフォルニア州パロアルト、リッキーズ・ハイアット・ハウス

九月十一日の後、いくつかの新聞、とくに『ウォールストリート・ジャーナル』は、なすべきことを行いました。ジョージ・ブッシュの悲しげな問いに対する答えを見つけるために、世論を調査しました。あの問いです。「我々はこんなに善人なのに、なぜ彼らは我々を憎むのだろうか。いったい、なんで」。

（場内笑）

実際には、ブッシュが疑問を口にする前に調査が行われました。自分たちに関連のある人々、いわゆる「資本家階級のイスラム人」からのみ、意見を聞いたのです。銀行家や法律家や多国籍企業のアメリカ支社支配人といった類（たぐい）の人々です。

彼らは、アメリカの体制のまさに内部にいる人々ですから、当然ながら、オサマ・ビンラディンを嫌っています。なぜなら、彼らこそがビンラディンの主要なターゲットだからです。

では、彼らのグループは、アメリカをどう思っているのでしょう。実を言えば、彼らはアメリカの政策に対して、非常に批判的です。アメリカが首尾一貫して民主主義や地域独自の開発を邪魔していること、そして堕落した冷酷な政権を支持してきたことに、彼らは反感を抱いています。

当然ながら、彼らはアメリカがイスラエルの軍事占領を一方的に支持することに、強く反対しています。今年で三十五年になりますが、あの占領はきわめて過酷で、残忍なものでした。彼らは、アメリカのイラクに対する制裁にも強く反対しています。彼らは、それがイラクの国民生活を荒廃させるけれども、サダム・フセインの権力はかえって強化させることを、完全に理解しているのです。

そして彼らは、私たちが忘れたがっている別の事実も記憶しています。サダム・フセインが最悪の残虐行為をしていた間、アメリカとイギリスが彼を支援していたということです。彼が大量殺戮のための武器を開発するのを助け、クルド人に対して毒ガスを使用したことなど、悪いことにはすべて目をつぶってきました。私たちがそんな事実をカーペットの下に隠してしまいたいと思っても、彼らは忘れません。同じような理由で、彼らは自分たちがアメリカの体制のど真ん中にいるにもかかわらず、アメリカの政策を大いに憎むのだと言います。

さあ、これがジョージ・ブッシュの疑問に対する一つの回答です。知的な雑誌や新聞で読むような種類の回答ではありません。そういう媒体では、お上品な回答が並んでいるでしょう。そうした地域の人々が悪い文化をもっているとか、彼らはグローバリゼーションから取り残されたのだとか、彼らは我々の愛する自由や偉大さに耐えられないのだとか……

(場内笑)

これらの問題について真剣に考えている人なら誰でも、とくに国際問題や中東問題の専門家であれば、こうした回答に何ら新味がないことを知っています。時代を遡っても、似たような話は見つかりますよ。好きなだけ遡ってください。

アメリカに住んでいる利点の一つは、アメリカがここ数年の間に、とても自由な国になったことです。「神々からの贈り物」としてではなく、多くの大衆の努力の結果として、アメリカはめったにないほど自由な国となりました。ある面では、世界で唯一といっていいほど自由です。

私たちは、私が知るいかなる国と比べても、かなり上のレベルの政策について多くの情報を与えられています。政策がどのようにして遂行されたかについて、そして何が意図されていたかについて、たくさんの資料が機密解除されました。もし、これについてもっと知りたいと思うなら、いい時期があります。一九五八年の記録です。アメリカの外交において、一九五八年は危機的な年でした。これにはさまざまな理由がありますが、とくに、中東情勢が難しくなっていました。

この年に初めて、イラクが世界のエネルギー資源を支配してきたアングロ・アメリカの共同統治から脱出できるようになったからです。イランの保守的なナショナリスト政権も、それを試みたことがあります。アメリカとイギリスは、軍事クーデターによって、その政権を打ち倒しました。

イラクは成功しました。そして、危機的な問題を引き起こしました。大きな、まさに突風のような反応が起こり、いたるところで軍隊が動員されたのです。もう少しで核兵器まで使われるところでした。

これはたいへんな危機でした。だから、もしアメリカの考えていたことを理解したいと思うなら、そのときの記録を見ればいいのです。

調べてみれば、アイゼンハワー大統領が、内輪の討論において、自分の言葉でこう語った記録が見つかるでしょう。「中東では我々を憎むための運動が行われている。政府によってではなく、民衆によって」。これが当時の議論でした。

最上部の立案組織である国家安全保障会議が分析を行いました。彼らは、この地域には次のような認識があると言いました。「アメリカは、残酷で、粗暴で、堕落した政権を支援し、民主化と開発を阻害している、さらに、アメリカがそうするのは、この地域の石油資源を支配することで得られる利益のためだ」。

そして彼らは、その見方をくつがえすのは難しいと見ていました。その見方が的確だからです。的確であるべきです。

彼らは言いました。「我々にとって、現在の政府を支援するのは自然である。そして、民主化と開発の邪魔をするのは自然なことである。なぜなら、我々はこの地域のエネルギー資源の支配を維持したいから」。

九月十四日に『ウォールストリート・ジャーナル』が発表したのも、基本的には同じことでした。

しかし、基本的な政策は変わりません。そして、国家安全保障会議は国民についてこう述べています。アメリカの政策を憎んでいるのは、裕福なイスラム教徒だけではありません。国民の中には、もっと深い憤りがあります。彼らには、この地域の富がなぜ自分たちのところにではなく、西側や、西側と協力している裕福なイスラム教徒のほうへ流れていくのか、理由がわからないからです。

彼らの文化が後進的だから、こうした考えがわからないのだという説が、よく語られます。アメリカのシステムの中心にいる裕福なイスラム教徒以外の庶民の間では、さらに深い憎しみのキャンペーンが展開しているのです。

「繭（まゆ）」の外の声を聞くのは、難しいことではありません。彼らは、なぜ我々に対して憎しみのキャンペーンが行われるのかという質問に答えてくれるでしょう。アメリカ以外の世界の多くの地域において、人々は他人のブーツに踏みつけられるようなことはいやだと思っています。

彼らは、そんな目にあうのはいやなのです。それが憎しみにつながるのです。

お望みなら、好きなだけファンタジーにふけることができます。しかし、選択するのはあなたです。

## テーマ：アズミ・ビシャラ氏の話
## 二〇〇二年五月二十五日
## ニューヨーク州、ハンターカレッジ

一九八八年四月のある朝六時、私は初めてアズミ氏（イスラエル国会のアラブ系議員。アメリカのアフガニスタン攻撃を批判し、アメリカへの攻撃を止める唯一の方法はイスラエルによるパレスチナの占領をやめることだと主張）に会いました。屠畜場として知られていたダハリア刑務所の外、デモが行われていた場所で。ここは、「アンサー3」と呼ばれている恐ろしい拷問牢獄、ネゲブのケツィオット刑務所への途中駅でした。「アンサー1」は南レバノンの巨大な恐ろしい拷問牢獄です。当時も報道されていましたが、真相はイスラエル軍がレバノンから撤退してから暴露されました。「アンサー2」はガザにあります。「アンサー3」はダハリアの屠畜場を終えてから行く終点だったのです。

周辺の町は包囲されていました。デモをしているのはイスラエル人と学術会議で現地にいた外国人旅行者でした。たまたま私もその会議に出席していたのです。

デモの後、アズミ氏の車に乗り込んでウェストバンクを通りました。そこで一日過ごしました。まずナブルスの旧市街へ行き、カスバで活動家たちと話をしました。そこへ行ったことのある人なら誰もが先ごろ起きた心の痛む事件の光景を思い出すことでしょう。道は狭く街を車で通り抜けることはできませんでした。戦車などもってのほかでした。

ナブルスからの報せはジェニンからの報せよりひどいものでした。大規模に破壊され、多くの人が殺されている。いつもの恐ろしい報道を読まれたことがあるでしょう。ナブルスの場合、ローマ時代の歴史的遺産まで破壊されました。人々が受けた被害とは別としてです。

私とアズミ氏はウェストバンクの村々を通っていきました。多くの村は攻撃を受けていました。軍隊がやってきたため、退散しなければならないこともありました。

村人たちがそう望んだからです。外国人が見つかったら何をされるかと怖れていました。かつてそれでひどい目にあっていたのです。

訪れたすべての村のうち、一番劇的だったのはベイタという名の村でしょう。そこはその数日前に有名になったところでした。ベイタはラマラからほど近い、山裾に囲まれた伝統的で保守的な村です。古い家の立ち並ぶ、何百年もの歴史のある魅力あふれた村でした。

インティファーダ（イスラエルの占領地のヨルダン川西岸とガザ地区で一九八七年に起きた住民蜂起。武装したイスラエル兵に対し、パレスチナ住民たち投石で抵抗）が始まった直後、この村は解放を宣言しました。そのためイスラエル占領軍から攻撃を受けることになりました。我々が行ったとき、村は軍隊の包囲下にありました。しかしラマラのアルハック（パレスチナの人権団体）が派遣した弁護士らの協力を得て裏道を使い、村人の助けを得て崖をよじのぼって村に入ることができました。そこで二時間過ごした後、七時の外出禁止令までには出なくてはなりませんでした。さもなければ命が危なかったのです。

当時ベイタがイスラエル軍に攻撃を受け破壊されたことを覚えている方もいらっ

しゃることでしょう。その攻撃と軍の堅固な包囲の理由は、近くのイスラエル入植地（エロン・モレ）からイスラエルのハイカーたちがベイタの草原に入り込んだことに始まります。彼らを率いていたのはロマン・アルドゥビ。犯罪歴のある過激派で、軍からアラブ地域へ入ることを禁じられたユダヤ人は彼だけという事実があります。彼らは草原で羊飼いを見つけ、殺しました。村へ連れて来られ、そこでも二人殺しました。

その後、殺された一人の母親がアルドゥビに石を投げつけました。アルドゥビは発砲しイスラエル人の少女を一人殺しました。被害者のティルツァ・ポラトはハイカーたちの一人でした。これがイスラエルでは狂信的な反応を引き起こし町を破壊して全村民を追い出そうという呼びかけに発展したのです。イスラエル軍は何が起きたかをはっきり把握しており、人々に真相を告げました。しかし、真相が何であれ、おそらくもっと深刻な反応を防ぐためもあったのでしょうが、軍は村を潰しました。

公式発表では、十五の建物や家を破壊し住民には十分避難する余裕を与えたことになっています。これはまったくの嘘です。壊された家は少なくともその二倍はありましたし、余裕を持って逃げ出せた人などいませんでした。人々は家屋の残骸の中を探し回って持ち物などを見つけようとしていました。

住民の中には刑務所に入れられた人もいました。あの石を投げた母親や殺された人の妊娠中の姉もいました。その後、六人が国外追放処分となりその他の者は刑務所で刑期を過ごすことになりました。アルドゥビがパレスチナ人たちとイスラエルの少女の両方を殺した犯人であることは明白ですが罰せられませんでした。裁判にはかけられました。当局は悲劇が起こったこと自体でもう十分な罰を受けていると決定したのです。ですから、罰せられたのは村民だけでした。

このようなことは今なお続いています。私たちがいたころ、四月という時節柄、寒さが厳しく雨が降ってましたが、人々は野外に住んでました。調理も外でしてました。それはとてもつらく哀しい光景でした。しかし住民は諦めてはいなかったのです。静かに心を決めていました。イスラエルのユダヤ人の助けを借りて壊されたものを再建したいかどうか、彼らに尋ねてみたところ、条件付きで受け入れるとの答えが返ってきました。

もしも支援が真正なものであれば喜んで受け入れる。でも、しばしば皮肉っぽく使われるヘブライ語、「美しいイスラエル」のイメージを作り上げるための支援なら一銭もいらない。彼らはそう言っていました。驚くべきことに、報復処置をしようというわけではありません。ただ、がんばろうという静かな思いがあったのです。

翌日か翌々日、同じことをラマラでも見ました。そこでも裏道を通り抜けなければなりませんでした。包囲されていたのです。そこにイスラエルとアラブの友人と着いたとき、町は奇妙なことに静かでした。町を歩いてラマラ病院へ行き、中に入りました。医者も看護婦も職員も付き添いの人も誰もいませんでした。しかしベッドはすべて満杯で、いつもの病院風景でした。ベッドには子どもも年寄りもいました。皆がインティファーダによる残虐行為に苦しんでいました。何が起きたかを教えてくれました。そこにあったのも静かな思いでした。報復の言葉はありませんでした。

これらすべてから軍隊の駐留に関する驚くべき真実が明らかになります。それは三十四年間も続きました。最初からひどく残虐で圧制的。土地や資源を盗みとりました。しかし占領地域からの報復はありませんでした。イスラエルは占領地域内からの攻撃を免れていました。地域外からはいくらかありました。残虐な目にも遭いましたが、それはイスラエルが自ら犯した残虐行為の一部でした。私が「イスラエル」と言うときはアメリカ合衆国とイスラエルを指しています。なぜならイスラエルは何をするにせよアメリカが指示して良しとする範囲で行っているからです。ですからアメリカ及びイスラエルの残虐行為です。

そのため昨年の出来事は大きな衝撃だったのです。アメリカとイスラエルは暴力を完全独占できなくなったのです。圧倒的な優勢を誇ってはいますが、独占ではなくなりました。これは衝撃的なことでした。9・11は恐ろしい暴力行為でしたが新しいことではありませんでした。あのような暴力行為はいくらでもあります。ただアメリカ以外の場所で起きていたというだけです。

# Noam Chomsky
# ノーム・チョムスキー

## Q&A

## 二〇〇二年五月二十五日
## ニューヨーク州ブロンクス、モンテフィオーレ・メディカルセンター

**問**　ナチスのやったこととベトナム戦争でアメリカがやったことはそれぞれの意図が根本的に違いましたね。ナチスはヨーロッパのユダヤ人を根絶しようとしました。ベトナムでの目的は民族の虐殺ではありませんでした。これに賛同してくださらなければ、立ち直れないほど落ち込んでしまうのですが。

**チョムスキー**　ベトナムで起きたことを民族の虐殺とは申しません。それは正しい言葉ではありません。まったく違うということに賛成します。あらゆる点で違っていました。ナチスは歴史的に見ても独特です。人類の歴史では様々な残虐行為がありました。しかし、ナチスが行ったスタイルの先進的大量掃滅は常軌を逸していま

す。比類のないものです。ユダヤ人とロマ人――我々はジプシーと呼んでいますが――などいくつかのグループが同じような扱いを受けました。

しかし残虐行為は世界中にあふれ、その多くがアメリカに端を発しています。犠牲者の多くは集計にも入っていません。その一例として、もちろん覚えていらっしゃると思いますが、一年前にベストセラーになった本があります。『ブラック・ブック・オブ・コミュニズム（共産主義黒書）』です。フランス語で書かれた本の翻訳で、『ニューヨーク・タイムズ』の書評ではトップ記事扱いでした。本の中で、共産主義者に殺された人の数を一億と推定しています。数のことをこの場で云々するのはやめて、この数字が正しいとしましょう。

一億人のうち、約二千五百万人を一九五八年から一九六〇年の中国の飢饉で亡くなったと推定。これを政治的犯罪、イデオロギー犯罪としています。なぜそうなのかは経済学者のセン教授が詳述しています。この研究はセン教授のノーベル賞受賞につながりました。彼がこれをイデオロギーの犯罪としたのはしっかりした理由があるからなのです。

彼はこの殺戮を意図の問題ではなかったとしています。つまり殺そうという意図があったわけではなく、イデオロギーによる制度がそうさせたということです。全体主義国家では国で起こったことについての情報が中央に入ってきません。したがって全体主義国家では対策を講じることができないのです。二千五百万人もの大量殺戮は全体主義的な制度の反映としてそうなったのであり、意図されたものではなかったのです。しかし大量虐殺には変わりありませんし、二〇世紀最悪の残虐行為と呼ぶことも正しいでしょう。共産主義の犯罪でも一つの犯罪としては最悪です。

しかし、これではまだ本題の半分でしかありません。セン教授がノーベル賞を受賞し有名になった仕事は、飢饉とそれにつながる状況の研究です。彼はその研究の大きな部分を割いてインドと中国を比較しています。当時、大英帝国の一部だったインドは常に大飢饉に見舞われていました。何千万人が死にましたが、誰もそれをイギリス帝国主義の犯罪とはみなしません。我々がやることは犯罪にはならないからです。

セン教授が指摘するように、独立以降、インドに飢餓は頻繁にありました。しかし、それほど大きな飢饉はなかった。一九四七年から彼が研究を行った一九八〇年ごろまで大飢饉はなかったのです。そして、そのことを彼は中国と比べたのです。中国では例の大飢饉がありました。センン教授は、その差を両国の制度の違いに見出しました。インドは民主主義国家であり、国のどこかで飢餓があるという情報があると、中央当局が何か対策を講じることができました。それで大飢饉を防ぐことができたのです。

これはセン教授が書いたことの一部にすぎません。この部分はよく知られています。しかしその続きがあります。それは同じ論文や本に載っているのですが、知られていません。そこでは一九四七年から彼が報告したときまでの中国とインドの死亡率を比べています。一九四七年はほぼ同じです。国情などが似かよっていましたから。その後、中国では急速に死亡率が下がりましたが、インドでは高いままです。これをセン教授はイデオロギーの犯罪としています。

彼によると中国では地方に診療所をつくり、予防医学を貧しい人たちに施しました。そして健康の水準が見違えるほどに改善され死亡率が下がったのです。インドでは違いました。民主・資本主義国家です。貧しい人たちには何もしません。ここで彼の文章を引用しましょう。彼は両国の死亡率のカーブを比較し、「中国があの恥ずべき年月に葬った人数をインドでは八年ごとに葬った」と指摘しています。

だいたい一九四七年から一九八〇年までにインドだけで死亡者が一億という数字になります。これを我々は民主・資本主義の犯罪とは呼びません。こういう計算を全世界で行ってみますと……このことについては話さないでおきましょう。セン教授は正しいのです。中国の場合と同様、インドの殺戮も意図されたものではありませんでした。しかしこれはイデオロギーと制度の犯罪であり、我々に責任があります。すべての責任とはいえませんが、かなりの部分がそうです。

犯罪を数え始めたら、それは凄まじい記録です。しかし、敵の犯罪しか数に入らないのも事実です。敵の犯罪についてしか我々は嘆いたり悩んだりしないのです。自分自身の犯罪は、たとえとんでもないものであっても、まったく視野に入ってきません。研究もしなければ、それについて読みも書きもしないのです。考えることも許されていないのです。それに甘んじることを選択したのは私たち自身です。

## 二〇〇二年三月二十一日
## カリフォルニア州バークレー、バークレー・コミュニティシアター

**問**　あなたは「国民として私たちは、権力者に真実を語るべきではない。かわりに国民に対して真実を伝えるべきだ」とおっしゃいました。しかし私たちは、その両方に語るべきではないですか。

**チョムスキー**　これは、クエーカー教徒の友人たちと私の間で意見が相違する唯一の問題でもあります。他の現実的な活動については、私はいつも彼らと意見が一致するのですが、「権力者に真実を語れ」という彼らのスローガンについては、賛成していません。

まず、権力者はすでに真実を知っています。私たちから聞く必要などないのです。

第二に、それは時間の無駄です。さらに、権力者は聞き手として適当ではありません。私たちは、権力を剥ぎ取り、打ち倒すであろう人々、権力を制限させるであろう人々に向かって真実を語らなければなりません。

さらに言えば、私は「真実を語る」という表現が好きではありません。私たちに真実などわかりませんよ。少なくとも、私にはわかりません。

私たちは、権力を倒すために力を尽くそうとする人たちと手を取りあうべきです。そして、彼らの話を聞くべきです。彼らはたいてい、私たちより多くを知っています。そして、彼らとともに、正しい種類の運動をするべきです。

それでもあなたは権力者に真実を語りたいですか。もしそうしたいなら、どうぞ。しかし、あまり意味があるとは思いません。私は、ブッシュの周囲にいる人々に、彼らがすでに知っていることを話したいとは思いません。

**問** 私は、政府が我々の税金を軍事行動に使うことに抗議するため、税金を払わないことを考えています。これについてどう思われますか。

**チョムスキー**　私は、戦術についての判断に自信がありません。したがって、私自身の経験をお話しするだけですが、一九六五年に、数人の友人と一緒に、全国的な納税拒否運動を組織しようとしたことがあります。結果は、あまり成功したとは言えませんね。成功しませんでした。しかし、かなりの数の仲間が、数年の間、税金を払いませんでした。私の場合は十年くらい払いませんでした。

それが効果的だったかどうかはわかりません。判断できません。私が知っているのは、何人かの身にふりかかった事実です。

政府は、行き当たりばったりのやりかたで対応します。狙いをつけた人を追跡することもあります。彼らが仲間につきまとい、家と地位を取り上げたケースもありました。

私は、国税局に、政府に抗議するため納税を拒否するという手紙を送っていました。国税局はコンピューターでそれを読み、お定まりの返事を送ってきました。

彼らは給与の支払い元である大学へ行って、私の給与を差し押さえ、課徴金とともに税金を回収しました。彼らとしては税金を徴収したわけです。それ以上のことはしませんでした。しかし、それ以上のことをしたケースもあります。

それが政策にどれほどの影響を与えたのか、あるいは、私たちにはできませんでしたが、本当に大規模な納税拒否運動となった場合はどうなのか、私にはわかりません。難しい戦術的な判断です。

## 二〇〇二年三月二十二日
## カリフォルニア州パロ・アルト、リッキーズ・ハイアット・ハウス

**問**　あなたがハイチについて言及されたことに関係した質問をします。この夏、私はロメオ・デレール将軍のスピーチを聞くことができました。彼は、ルワンダでの国連ミッションの責任者です。いたるところで大量虐殺が起こっているのに、世界の権力者が誰も何もしないことに非常に失望していました。彼の目には、そのよう

なことが起こるのを許す世界が、本質的に人種差別主義であると映ったようです。彼のこの悲観的な結論に対して、あなたはどうお考えですか。

**チョムスキー**　まず最初に私は、ルワンダで起こったことが、とくに人種差別だとは思いません。単に、それが大した意味をもたないということです。思い出してください。彼は一九九四年にルワンダで起こったことについて話していました。しかし、ブルンディとルワンダでは何年も続いていることです。

エド・ハーマンと私は二十三年も前に本を書き、その中でブルンディとルワンダにおけるフツ族とツチ族の残虐行為について論じました。何十万もの人が殺されていました。当時、誰もそのことを気にかけていませんでしたし、今もそうです。この二、三年、コンゴではおそらく何百万人もが殺されていたのに、大した問題にならなかったのと同じことです。それは西側の利益には影響しません。だから何もしようとしないのです。

しかし、それはどんな人種にも、どんな地域にも起こりうることです。人種は関係ありません。アメリカの利益に影響するかどうかが問題なのです。クルド人について言っておきますが、彼らは白人です。

もし彼らが街中を歩いていても、我々には白人の数が増えたように見えるだけです。肌の色が少し黒いだけですから、クルド人だとはわかりません。

デレールは、よくないこと、つまり私たちが虐殺を止めようとしないことについて語っています。しかしさらに悪いことは、私たちが喜んで虐殺に参加していることです。虐殺に対して何もしなかっただけでなく、実際には、虐殺を推し進め、虐殺を続ける殺人者たちの手に銃を供給し続けたとしたら、はるかに悪いことでしょう。

他人が犯した犯罪行為を見逃し、それについて十分な対処をしないのは、よくないことです。しかし、はるかに重要なのは、鏡をのぞいて自分が何をしているかを知ることです。

ですから、私はある意味では彼に同意します。それはよくない問題に見えますが、道義上の責任や人類の利害においては規模が小さいのです。

**問**　アメリカのために行われてきた多くの犯罪行為について、啓発的な情報を分けていただきありがとうございました。あなたがここでおっしゃったアフガニスタンでの行為に関して、私たちがこれからしなければならない活動の一つは、兵器拡散を支援し、民族間の緊張を生み出し、次から次へと残虐行為を起こさせる企業の株を売却することでしょう。そこでお聞きしたいのですが、この問題に関して株の売却というテーマが、どこかで論じられたことはあるのでしょうか。

**チョムスキー**　論じられてきました。これは戦術上の問題ですね。だからといって小さい問題だというわけではありませんよ。たいへん重要な問題です。人類の利害に関する戦術的な問題です。

しかし判断は微妙です。現在の状況の下で、その活動を行ったらどういう結果をもたらすかを、まず考えなければなりません。いったい誰を動かすのか、どのようにすれば人々の理解を得られるのか、そしてそれが、さらに進んだ何かを行うための基礎となるのだろうかを見極めなければなりません。

判断の難しい問題です。私自身、自分の判断を信頼できないし、あなた方が私の判断を信用すべき理由もありません。

そういう活動は、しばしば成功してきました。南アフリカでも同じようなキャンペーンが行われ、アメリカの政策に影響を与えました。そのときのアメリカの政策がどんなものだったか思い出してください。

一九八八年、ネルソン・マンデラのアフリカ民族会議が公式にテロ組織と指定されました。しかし実際は、それよりひどい扱いでした。アメリカ国務省は、より悪質なテロ組織の一つとみなしました。

同じ年、南アフリカは特恵的な同盟国として迎え入れられました。レーガン、ブッシュ政権の間だけでも、南アフリカは周辺地域で約百五十万人を殺しました。南アフリカ国内ではありません。そしてアメリカとイギリスの支援を受けて、約六百億ドルの損害を生じさせました。

その前年、一九八七年十二月に国連は、あらゆる形のテロリズムを非難する決議案を可決し、世界中にこの恐ろしい疫病を抑えるためにあらゆる努力をするよう呼びかけました。

その決議は、満場一致で通過したわけではありません。ほぼ満場一致でしたが、一国、ホンジュラスだけが棄権しました。そして二カ国が反対票を投じました。アメリカとイスラエルです。アメリカが決議案に反対しても、それは報道されず、歴史から消えてしまいます。それが、テロに対抗するための国連の大きな決議案に関して起こったことです。

決議案の中に、こういう箇所があります。「この決議案においては、人々が、人種差別主義や植民地主義の政体と外国の軍事占領に対し、自由と独立を求めて戦い、国連憲章に沿って他国の支援を得る権利を制限するものは、何もない」。

アメリカもイスラエルも、これに反対しました。両国とも人種差別主義と植民地主義の政体が南アフリカを意味することは理解していました。そして両国にとって南アフリカは価値ある同盟国であり、アフリカ民族会議はテロ組織の一つでした。したがって明らかに、この両国にはアパルトヘイトと戦う権利がありませんでした。

しかし三、四年の間にアメリカは、南アフリカに対する姿勢を変えざるをえなくなりました。民衆運動の圧力を受けたのです。その中には、株の売却運動もありました。企業にそれほど影響を与えたわけではありませんが、アメリカの行動を妨害するうえで、大きな象徴的な効果を上げました。

当時、南アフリカとの通商は法律で禁止されていました。しかし、アメリカと南アフリカとの貿易は増加しました。彼らはそんな法律など気にしませんでした。しかし市民運動がそれを変えました。

外国の軍隊による占領は、イスラエルによるガザ地区とヨルダン川西岸の占領にもあてはまります。これはアメリカの一方的な介入によって現在も維持されています。

アメリカは三十年以上にわたり、占領問題の外交的な解決を阻害してきました。外交的な解決を妨げるプロセスには名前がついています。それはなんと「ピースプロセス」と呼ばれているのです。

イスラエルのケースでは、アメリカはまだ姿勢を変えていません。しかし、政策の変更はありえます。実際に、ここでも株の売却運動が提案されています。もちろん軍需産業もターゲットになってます。

軍需品の生産者について語るとき、それは実質的にはすべてのハイテク経済を指すということを理解しておかなければなりません。軍需品生産者だけを拾い上げ、残りを別にすることなど不可能です。

すでにお話したように、軍需品生産は、ほとんどすべてのハイテク産業を隠れ蓑としてきました。コンピューター、レーザー、通信技術、インターネット、オートメーション、あらゆるエレクトロニクスがそうです。

政府の支出を調べてみると、この数年間、生物学を基礎とする分野への支出が急増しています。これには理由があります。すべての国会議員は、どれほど右寄りであるかに関係なく——実際、右翼のほうが他の人々より詳しいのですが——経済が機能する方法を理解しています。経済が機能するためには、国民がコストとリスクを負うような、精力的な公的部門が必要です。そして、もし成果が上がれば、それは企業の利益に組み込まれます。

経済学では、それは「自由企業」と呼ばれます。そして将来、生物学に基礎をおいた産業が、経済の最先端となっていくに違いありません。バイオテクノロジーや遺伝子工学、そういう種類の産業です。

したがって今は、さらに多くのお金を基礎生物学とその応用分野に注がなければならないのです。バイオテロとの戦いという口実のもとに。そうやって行われていることの一部を見たら、きっと驚かれるでしょう。

例えば、アメリカは反バイオテロ条約の確認システムを構築しようと、六年にもわたって国際的になされてきた努力をぶち壊しました。クリントン政権が反対したのです。おもな理由は、それがアメリカの商業的利益、つまり製薬業界とバイオテクノロジー企業の利益に反するからです。確認システムができれば、何をたくらんでいるか調べられるかもしれないからです。

だからクリントン政権は反対しました。そしてブッシュ政権は息の根を止めました。終止符を打ったのです。理由はたくさんありました。一つは説明したとおりですが、他にもありました。

それはアメリカが、既存の反バイオテロ条約を破っているということです。まず、遺伝子工学において条約違反をしています。遺伝子操作によって、炭疽菌の抗ワクチン種（ワクチンの効かない新種の炭疽菌）をつくろうとした形跡があるのです。それは細菌学者たちの間では「悪夢のシナリオ」とされています。ウィルスであれバクテリアであれ何であれ、いかなるワクチンにも、どんな治療にも抵抗力をもつ、殺人種の創造です。

それは常に、禁止されているはずでした。しかし、どうもアメリカはつくっているようなのです。他にも似たようなプロジェクトが二、三あります。それらはバイオテロに対抗するという口実のもとに行われているのです。

このような状況のもと、株売却運動が軍需品の生産者のみをターゲットにするのは非常に困難になっています。

**問**　主要な分野のそれぞれから、四つか五つの代表的な企業を選び出すことができるのではないでしょうか。

**チョムスキー**　その通りです。ただ、それは象徴的な行為であることを理解しておかなければなりません。しかし象徴だからといって重要でないという意味ではありません。代表的な企業の株を売却する運動は象徴ではありますが、きわめて重要です。組織化のための仕掛け、そして啓蒙のための仕掛けとして使われるとき、意味をもちます。

武器製造を停止させることに幻想はもてません。それは経済を封じ込めることを意味するのです。しかし、とても重要です。南アフリカのケースと同じです。それは組織化と啓蒙のために有効であり、大きな影響をもちうるからです。そうして二年間で、アメリカの対南アフリカ政策を変えることができたのです。

**問** あなたは、アメリカが中東和平を妨害しているとおっしゃいました。なぜそんなことを言うのですか。クリントンは前進に努力しているように見えますが。

**チョムスキー** 彼は前進するために努力していました。そして、四十年前の南アフリカのレベルに届きました。まだ完全ではありませんが。

**問** 和平を妨害する動機は何ですか。

**チョムスキー** イスラエルがアメリカの軍事基地だからです。しかも、重要な基地です。イスラエルはトルコと同様、アメリカのために中東地域を軍事支配している国の一つです。パレスチナは何も提供しません。彼らには富も力もありません。だから彼らには何の権利もないのです。

**問** そんなことをやっているよりは、和平を実現するほうが、まだいいのではないですか。

**チョムスキー** どんな種類の和平かによります。最終的にアメリカは、南アフリカが四十年前に合意したと同じことに合意するかもしれません。南アフリカは、和平に合意しただけではなく、バンタスタン（黒人自治区）の設立を開始しました。

遅かれ早かれ、アメリカはアパルトヘイトが最悪だった時期の南アフリカの状況に近づくでしょう。そして、占領地域内にパレスチナ人のバンタスタンを設けるかもしれません。そうなっても私は驚きませんよ。実際のところ、そのほうが、賢明だと思います。

**問** それはどういう意味ですか。

**チョムスキー** 大した意味はありません。トランスケイ（南アフリカ南東部にあるバンツー族の自治区、一九七六年に名目上独立）が意味した程度です。

イスラエルは、真の独立国家を許すでしょうか。いや許すわけありません。そんなことをしたら彼ら自身の力を損なうことになりますから。

イスラエルは、アメリカのための海外基地です。もしイスラエルがアメリカの基地であることをやめたら、アメリカはあっさりと関係を切るでしょう。しかし、イスラエルはアメリカの力を拡大するための海外基地であるかぎり、好きなことをやれるのです。

**問** だとすると、クリントンがやったことは見せかけなのですか。

**チョムスキー** 見せかけではありません。クリントン・プランの地図を見たことがありますか。アメリカ中の新聞が、この地図をいっさい公表しませんでした。その地図を見れば、何が起こっているかが一目瞭然だからです。

クリントンの計画は、ヨルダン川西岸を四つの小群に分割するというものでした。そのなかの東エルサレムは、パレスチナ人たちの生活の中心地です。そのエルサレムが、他の地域と分離されています。すべての地域がガザ地区と分離され、ガザもまたいくつかの小群に分割されます。

これでは、バンタスタンの時代の南アフリカにさえ及ばないでしょう。だからメディアは、地図をいっさい公表しなかったのです。

**問**　イスラエルはどのようにしてアメリカに利益を提供しているのですか。非常に素朴な質問ですが。

**チョムスキー**　これには長い歴史があります。一九五八年に遡ると、その時点でアメリカの情報局はすでに認識していました。彼らは、アメリカの基地としてイスラエルを支持すれば、アラブ独自の国家主義に対抗することができると考えました。イスラエルが、トルコや国王体制下のイランと同様、アラブ諸国の独立勢力を支配し、抑圧する軍事力となりうるからです。この時点では、アメリカはまだ何もしませんでした。

一九六七年に、イスラエルはアメリカに大きく奉仕しました。ナセル政権を打倒し、アラブの国家主義に打撃を与えたのです。ナセル政権は、非宗教的な国家主義運動全体の中心であり、サウジアラビアの上流階級による支配にとって深刻な脅威でした。イスラエルは、これを破壊しました。

この時点で、アメリカとの同盟が確立されました。そして、イスラエルはアメリカのリベラルな知識人たちのお気に入りとなったのです。それまで彼らはイスラエルのことなど、全然気にもしていませんでした。

**問** それ以来、事態は変わっていないのですか。

**チョムスキー** その傾向はより強くなりました。覚えていますか。一九七〇年、ブラック・セプテンバー（ヨルダンによるパレスチナ人虐殺）の時期に、シリアはしばらくの間、ヨルダンで虐殺されているパレスチナ人たちを保護するような動きを見せていました。アメリカはこれが気に入りませんでしたが、アメリカはカンボジアで苦境にありました。国全体がめちゃくちゃになっていたので、軍隊を中東に派遣して対処することができませんでした。

アメリカはイスラエルに、空軍を動員して――アメリカの空軍という意味です――シリアの動きを封じるよう頼みました。イスラエルはそれを実行し、シリアは後退。パレスチナ人たちは虐殺され、イスラエルに対するアメリカの援助は四倍になりました。それが七〇年代を通して続きました。

一九七九年にアメリカ側の勢力の大きな柱だったイランのシャーが失脚し、イスラエルの役割はより重要になりました。その状況が現在まで続いています。

エジプトの代表的な新聞が、「悪の枢軸」という見出しの大きな記事を載せ、本当の悪の枢軸は、アメリカとイスラエルとトルコだと述べました。アラブ諸国を狙う、この悪の枢軸は、何年にもわたって密接な同盟関係を結び、この地域のいたるところで共同の軍事作戦を展開しています。

これは、ジョージ・ブッシュが一九九〇年の政策発表で言ったことです。「我々には中東地域に干渉する軍事力が必要だ。我々にはそのための基地が必要だ。我々にはそこでの勢力が必要だ」。

イスラエルは、もっとも信頼のおける、もっとも重要な基地です。今では、アメリカの軍事経済とあまりにも密接に関係しているので、どちらの国だか見分けがつかないほどです。

アメリカにとってイスラエルには大きな価値があります。何の価値もないパレスチナとは対照的です。パレスチナ人には、ルワンダ人と同じ程度の価値しかありません。

しかし、忘れてはいけません。アラブ諸国の指導者たちは、とてもイスラエルびいきなのです。なぜならイスラエルがアラブ諸国を、その国民から守っていることを知っているからです。

**問**　他のアラブ諸国はアメリカを支持したいのに、イスラエルの行動がそれを妨げているのですね。

**チョムスキー**　アラブ諸国の指導者たちは、イスラエルにもう少し控えめになってほしいと思っています。あまり大勢を殺すなということです。最終的にこの地域では石油がすべてです。

## 二〇〇二年三月二十二日
## カリフォルニア州バークレー、カリフォルニア大学バークレー校

**問**　最近アメリカは、パレスチナを支持してパレスチナ国家を建国するという方向に政策を転換していますが、これをどう説明なさいますか。

**チョムスキー**　政策の転換は実際にはなかったので、説明すべきことはありません。政策に変化はありません。まったくの茶番なのです。実際にあったのは、近づく対イラク戦争への支援を求めて、ディック・チェイニーが中東を走りまわっていることだけです。しかし支援はなかなか得られません。誰も対イラク戦争を望んでいませんし大半の人が強く反対しています。

問題の一つは、ラマラにあるイスラエルの戦車です。覚えておいてください。「イスラエルの戦車」「イスラエルのヘリコプター」という言葉を読んだら、「アメリカの戦車」「アメリカのヘリコプター」と考えてください。それらはアメリカのために

使用されるための知識を添えてイスラエルに送られたものなのです。たまたまイスラエルのパイロットが操縦しているだけで、本来アメリカのものです。

つまりアメリカの軍隊です。この時点ではイスラエルはアメリカの海外軍事基地のようなものなのです。イスラエルが行う戦闘はアメリカが是認するもの、あるいは奨励するものです。

もし彼らがアメリカが望む範囲を一ミリでも超えようものなら、ワシントンから「そこまで」という静かな声がかかります。するとイスラエルは去っていきます。そうした情景が二、三日前にも見られました。ワシントンから静かな声で指示が来ました。「パレスチナの町から戦車と軍隊を撤退させなさい」。そうすればディック・チェイニーの任務の能率が上がります」。たちまち彼らは撤退しました。あっという間です。なぜならそれがマフィアのやり方だからです。ドンが命令を出せば、下の者はごたごた言いません。

こういうことは今まで何回となく繰り返されてきました。したがってイスラエルやトルコの非道について語るときは、アメリカの非道と言い換えなければなりませご購読ありがとうございました。
今後の資料とさせていただきますので
アンケートにご協力をお願いいたします。

# voice

書名

ご購入書店

市・区・町・村　　　　　　　　書店

本書をお求めになった動機は何ですか。

- □新聞・雑誌などの書評記事を見て（媒体名　　　　　　）
- □新聞・雑誌などの広告を見て
- □友人からすすめられて
- □店頭で見て
- □ホームページを見て
- □著者のファンだから
- □その他（　　　　　　）

最近購入された本は何ですか。（書名　　　　　　）

本書についてのご感想をお聞かせ下されば、うれしく思います。
小社へのご意見・ご要望などもお書き下さい。

ご協力ありがとうございました。

おそれ入りますが、
切手をお貼り下さい。

151-0051

東京都渋谷区千駄ヶ谷3-56-6

（株）リトルモア行

Little More

ご住所　〒

お名前（フリガナ）

ご職業

□男　□女　才

メールアドレス

リトルモアからの新刊・イベント情報を希望　□する　□しない

小社の本が店頭で手に入りにくい場合は、直接小社に郵便振替か現金書留で
本の税込価格に送料を添えてお申し込み下さい。

送料は、
税込価格5000円まで ―――― 350円
税込価格9999円まで ―――― 450円
税込価格10000円以上は無料になります。

振替：口座番号＝00140-4-87317
加入者：（株）リトル・モア

URL http://www.littlemore.co.jp

ん。コロンビアについても同じです。大元はアメリカだからです。

パレスチナに関するアメリカの政策転換とは、チェイニーの訪問が台無しになるからと、その期間中の非道な攻撃を中止するようにイスラエルに依頼したことでしょう。二十五年間で初めてアメリカが国連安保理でイスラエルに関する決議の発起人となったという事実は、大きな興奮を呼びました。その決議の内容よりも、その事実の方に関心が集まっていました。

決議の内容は、その地域に二つの国家、すなわちイスラエルとパレスチナ人の国家を建てるという構想でした。サウジアラビアのどこかの砂漠地帯に建国するという未来像です。これでは、この決議がアパルトヘイトが存在した最悪の時代の南アフリカのレベルにさえ到達していないことになります。覚えておく価値があります。

四十年前、六〇年代初期のアパルトヘイトがもっとも厳しく行われていた最悪の時代に、南アフリカは黒人の国家という構想を描くだけではなく、実際に建国し、そこに資源を注ぎ込みました。そうすれば発展して世界が認めてくれると考えたからです。ところが現在アメリカが世界に提案している構想は、そのレベルにさえ達していません。我々はその構想を大歓迎するものと期待されています。しかしそれは、指導者に対して彼らが何をしようと賛美の歌を捧げることになっているからではありません。またしても、良い教育の成果なのです。

しかし、これまでアメリカが行ってきたことは、実際には外交的な解決を蝕んでいます。アメリカはいかなる外交的な解決策にも一方的に反対する姿勢を依然として崩していません。その状態が二十五年も続いています。アメリカの歴代の大統領だけが政治的な解決についての国際的な同意を阻止してきました。それは今も変わっていません。そのうえ、アメリカは相変わらず暴力行為のレベルを下げるためのほんの初歩的な手段さえ認めようとはしていません。

誰もが、短期間に暴力行為のレベルを下げる最善の方法が何であるか知っています。国際監視団を送り込むことです。いたるところに国際監視団をおけば、問題の解決にはならなくても、暴力行為を減じる効果はあるでしょう。それが最善の方法です。アメリカは長年それについては拒否権を行使してきました。十二月十五日もそうでした。

ブッシュ政権は、ヨーロッパが安保理に提出したミッチェル・プラン（アメリカのミッチェル元上院議員を委員長とする国際的な委員会が策定した和平プラン。パレスチナがテロリストを収監する一方、イスラエルがユダヤ人入植地の建設を即座に凍結するよう提案）を実行して、暴力を削減し前進するために国際監視団を送るという決議に、拒否権を使いました。アメリカはこれを拒否したのです。決議は総会まで行きましたが、アメリカはそこでもいつもの仲間、イスラエルはもちろんミクロネシア、その他太平洋諸島の小さな国と共に、反対票を投じました。この案に反対する国際的なコミュニティが存在していたのです。

アメリカが拒否権を行使したため、この決議は伝えられませんでした。現在はそういう状況にあります。政策に何の変化もありません。少なくとも目立った変化は。

**問**　これはアフガン・スチューデント・ユニオンからの質問です。アフガニスタンにおける新政権の選択と保護に関し、アメリカはどんな目標をもっているのでしょうか。

**チョムスキー**　アメリカがこれから何をするかということですね。それは我々が決めることです。アフガン・スチューデント・ユニオンはよく知っていると思いますが、新政府はアメリカによって選ばれました。いい選択だったかもしれませんし、そうでないかもしれません。しかしカルザイ氏は、実際はアフガニスタン国民が望んでいるかどうかにかかわらず、アメリカに押し付けられた候補者でした。

私は、アメリカとロシアの二国はアフガニスタンに援助を行うべきではない、賠償金を払うべきだと考えます。

この二国は過去二十年間、アフガニスタンを破壊し、荒廃に追いやってきました。そういう行為をした者は、賠償金を払う必要があります。援助を与える資格はありません。そして、その犯罪を実行した者を裁かなければなりません。そういうことが行われるべきです。もちろんそうはならないでしょう。せいぜい期待できるのは、自分たちが引き起こした惨状を修復するために、何かをするということでしょう。

残念ながら、彼らがそれをするのは、自身にまつわる皮肉な理由からです。我々がアメリカ政府に圧力をかけることができなければ、これ以上期待のもてる結果はでません。それさえすべきでないと考えるグループもアメリカには存在します。例えば、アメリカのリベラリズムを代表する週刊誌『ニュー・リパブリック』です。そしてアメリカは、ただアフガニスタンを叩き潰し、あとは崩壊に任せておけばよい。そして「国家建設という妄執」を克服しなければならない。それが彼らの編集姿勢であり、進歩的な知識人の声なのです。

しかし、他の人々はそこまでやる気持ちはなく、何かしなければと考えています。とはいえ、アメリカは何をするでしょうか。それは国内の圧力にかかっています。その答えは石に刻まれているわけではありません。それは人々の行動にかかっています。

**問**　アメリカがあらゆる地域で悪の帝国として行動しているかのように言うのは、すべての事柄をひどく単純化しているとは思いませんか。

**チョムスキー**　おっしゃる通り、確かに単純化しすぎています。だからこそ、アメリカの行動は他の大国のそれと変わらないと指摘したのです。ただ、たまたまアメリカは他の国より力があり、その行動はより激しいものになります。とはいえ、他の国も似たようなものですね。イギリスも世界の覇者であった時代は、同じことをしていました。例えばクルド人に対して、イギリスはどのような態度をとったでしょうか。

それに関しては、英国の学校では教えない、歴史上のちょっとした教訓があります。それは機密扱いを解かれた文書から知ることができたものです。イギリスは世界一の大国でしたが、第一次大戦の頃には、戦争の影響でその力にかげりが出てきました。内部の秘密文書を見ると、戦後イギリスは、実際には軍隊を撤収してしまったアジアにおいて、いかに覇権を維持するか検討しています。

一つの提案は、空軍に頼るというものでした。空軍は第一次大戦末に登場したばかりでした。その空軍を使って一般人を攻撃しようという考えです。「未開人」を鎮圧するコストを削減するには、良い方法だと考えられていました。しかし、その頃植民地相だったチャーチルは、それでは不十分だと考えていました。チャーチルは、カイロのイギリス空軍からある許可を求められました。その文を紹介しましょう。

「頑固に抵抗するアラブ人に毒ガスを使用する」ことに関する許可です。

ここで彼らが反抗的なアラブ人としたのは、実はクルド人とアフガン人で、アラブ人ではありません。しかし、人種差別主義者の基準からすると、殺したいやつはみんなアラブ人です。したがって問題は、毒ガスを使用すべきか否かでした。ここで思い出して頂きたいのは、これが第一次大戦の時代だということです。当時は毒ガスを使うことは、もっとも残虐な行為でした。それ以上ひどい行動は考えられませんでした。

この文書は大英帝国の各地に回覧されました。インドの植民地政府は反対しました。クルド人とアフガン人に毒ガスを使えば、今でもたくさんの問題を抱えているのに、またインドに新たな問題が生じる。暴動が起き、民衆は激怒するだろう。そのように植民地政府は懸念を示しました。本国の人々は当然気にもしないだろうが、インドでは大変な問題になるおそれがあるというわけです。チャーチルはこれに激怒し、こう言っています。「未開の部族民に毒ガスを使用することについて、なぜこのような神経質な反応を示すのか理解できない。毒ガスは未開人に強烈な恐怖を与え、イギリス人の生命を救うだろう。我々は、科学が約束したあらゆる手段を利用する」。

おわかりですか。イギリス人がクルド人とアフガン人に対してとった態度はこういうものです。そのあとどうなったでしょうか。正確にはわかりません。というのは、十年前にイギリス政府が、政府の行動をもっと透明化し民主主義に近づけるために、いわゆる「開かれた政治制度」を設けたからです。この制度によって国民は政府が何をしているのか、知ることができるようになりました。

しかしこの開かれた政治制度のもとで真っ先に行われたのが、反抗的なアラブ人、すなわちクルド人とアフガン人に対する毒ガスと空軍による攻撃に関して残されていた記録を公文書館から持ち去り、おそらくはことごとく破棄したことです。ですから幸いにも我々は、このチャーチルのちょっとした行動がどんな結果をもたらしたのか、正確に知ることなくすませることができます。

確かにイギリスは成功しました。その時代に多数の軍縮条約が締結されています。第一次大戦後、戦争をなくそうという努力がなされました。イギリスは民間人への空爆を阻止しようというあらゆる努力を殺ぐことに成功しました。そして偉大なイギリスの政治家は、その結果に大満足でした。さらに内部記録によれば、かの有名なロイド・ジョージは、一九三二年に、空爆反対の動きを再度阻止した政府に賞賛の言葉を送っています。

彼はこう言っています。「我々は黒人を爆撃する権利を留保しておかなければならない」。それは間違ってはいません。これがもう一つの大国、イギリスの民主主義です。他の国々について調べても、同じことがわかるでしょう。アメリカを悪の帝国と表現するのは、確かに間違っているでしょう。たまたまアメリカは、一九四五年以後世界の最強国であるだけなのです。

さらにそれ以前でも、アメリカの近隣地域は、あまり芳しい状態ではありませんでした。いずれにしても、現在私たちがここに集まって話し合いをしているのには、それなりの理由があるわけですから。この土地には前から住んでいる人々がいました。それも大勢。どういうわけか、彼らは今はまわりに見当たりません。といっても、別にアメをもらって追い払われたわけではありません。彼らが消えた理由は、皆さんご存知でしょう。そしてメキシコとの国境がどのようにして現在の地点に決まったのかも。アメリカはメキシコの半分を征服しました。また一世紀前にフィリピンをキリスト教化し文明化した際、なぜ二十万人ものフィリピン人を殺害したのかも、おわかりでしょう。カリブ海で何が起きたかは、申し上げません。このようにアメリカは世界一の大国となる前も、他の強国と変わらない記録を残しています。ベルギー、ドイツ、フランスも同じです。フランスは、国防相の言葉によれば、キリスト教化と文明化の一環として、「アルジェリアの人民を根絶する」決意をしていました。そういうことです。

ですからアメリカを「悪の帝国」と呼ぶのは、誤りです。私も決してそう呼ぶことはありません。

**問** アメリカのユーゴスラビアへの介入についてはどうお考えですか。それはアメリカ帝国主義のもう一つの形だったのでしょうか、それとも人道的な介入で、正当化できるものだったのでしょうか。

**チョムスキー**　それは長い話です。アメリカの方針はいたるところで変わりました。最初は統一されたユーゴスラビアをいちばん強く支えました。十年前はそれがアメリカの方針だったのです。スロベニアとクロアチアが離脱すると、ドイツはすぐに両国を承認しました。ドイツは、その地域の自国の利権を重ねて主張しており、少数派のセルビア人の権利をまったく無視したやり方で承認しました。それに力を得て、惨劇が推し進められたのです。しかしアメリカは真っ先にそれに反対しました。

大国が様々な駆け引きを繰り広げる中で、ついにアメリカは、ボスニアをチェスの手駒として使う決意をしました。それは、先のアメリカ国務長官サイラス・ヴァンスと英国のデビッド・オーエンが進めた、そのまま行けば成果を上げたかもしれない平和的解決をぶち壊してしまいました。多くの問題点を含んだ和平策でしたが、よく見れば、その後何年間もの惨劇を経た末に到達したものと、さして変わりはありません。

アメリカはチェスの駒となったボスニア政府に、その和平案を受け入れないように圧力をかけました。予想通り、それはその後数年続いた大規模な残虐行為につながりました。結局アメリカが介入し、あとはご存知だと思いますが、デイトン協定（ボスニア・ヘルツェゴビナ和平協定。一九九五年十二月十四日調印）を押しつけました。人道主義者のこの誤りを、皆さんが何と呼ぶのかはわかりません。個々の動きが正しかったのか間違っていたのかは、皆さんで判断できます。しかしそこには人道主義的な要素はありませんでした。ましてやコソボには。記録がたくさん残っています。特にコソボの爆撃に関しては、膨大な数の論文があります。

それには大変興味深い特質が見られます。一つは、どれも極端に情熱的だということです。「人類の歴史の新しい時代の幕開け」「人道主義的介入」といった語句が並んでいます。大変な自画自賛ですね。もう一つの特徴は、国務省やＮＡＴＯ（北大西洋条約機構）、ヨーロッパ諸国、ＯＳＣＥ（欧州安保協力機構）、カナダ監視団、国連、諸官庁からの豊富な記録資料をわざとらしく無視している点です。当時起きていたことに関しては、西欧からの記録が大量に残っているのですが。

論文はこれらを完全に無視しています。皆さんも見てください。私が知るかぎり、そうした記録を概説したものさえ、私の著作以外にはありません。私は、それらの記録を要約しておきましたが、とにかく内容豊富な資料です。ここで、その記録に書かれていることを紹介しましょう。ぞっとするような場所だと言っています。当然でしょう。トルコとはまったく違いますが、ひどく怖ろしい光景でした。資料によれば、西欧の連合諸国の中で、いちばんのタカ派は英国で、彼らはがむしゃらに前進しました。

一九九九年一月、すなわち爆撃の二カ月前ですが、英国政府は、虐殺行為の大半はゲリラ、KLA（コソボ解放軍）のしわざと説明しました。NATOの記録文書にあるのと同じく、セルビア人から不釣合いな反撃を引き出すために、KLAが境界を越えて侵入し、彼らを攻撃したとしています。セルビア人の反撃を口実に、西欧社会に支援の声を盛り上げるのが狙いという解釈です。これが英国政府の姿勢です。

これは偶然にもラチャク村の虐殺の後でした。この虐殺事件は、学説によれば西欧の意見を変えました。英国政府は依然として、残虐行為の大半をKLAに帰する姿勢を変えず、アメリカと同じくKLAをテロ勢力と呼んでいました。このあと二カ月の間、何も変化がなかったことは、他の記録から明白です。国務省などの文書を見てください。二カ月、実質的には何も変わりませんでした。爆撃が行われるまでは。

爆撃が開始されると、残虐行為が盛大に繰り広げられるようになりました。国際司法裁判所の裁判記録を見ると、残虐行為が爆撃のあと行われたことがわかります。爆撃が開始され、侵略の脅威が広がると、居住地からの放逐、様々な残虐行為、ありとあらゆる弾圧が始まりました。爆撃の前ではありません。ですから難民の帰還支援を偉大なる成果とするのは、難民が追われたのは爆撃後だという事実を見逃しています。彼らを故郷に帰還させる努力をどう評価しようと、それを人道主義的な行為と見なすことはできません。

これらが事実ですが、このあたりで止めておきます。それが何であったにしろ、どう評価するかは皆さんの自由です。けれどもそこには人道主義的な要素はありませんでした。皆無です。それは他の目的をもったものでした。

**問**　この数カ月、主要なニュースの出所であるＣＮＮや『サンフランシスコ・クロニクル』などが、イスラエルによるパレスチナへの弾圧や、制裁という名目で行われるイラクでの集団殺戮について論議されるようになりました。同時多発テロは、こうした主要なマスコミの間にも、分裂を引き起こしているのでしょうか。

**チョムスキー**　CNNを見ていないので、何ともお答えできません。確かに十一月はずっとCNNに頼っていました。私は妻とインドにいたので、海外の新聞を手に入れるのは難しく、つらいことでしたが毎晩CNNを見なければなりませんでした。しかしご質問の件については気がつきませんでした。ただ、いつも見ているわけではないので何とも言えません。私には愛国心から出た戯言のように思われます。新聞などを読んだかぎりでは、そのような変化は見えません。アメリカが現在行っていることを妨害するおそれが出てきた場合を除き、制裁の効果やイスラエルの政策に関する論議は、まったく見られません。

チェイニーの任務を邪魔するようなイスラエルの最近の動向には、確かに反対がありました。その一方でアメリカの支援を受けて行われている残虐行為は、エスカレートしています。アメリカは相変わらず軍事的、外交的な支援を与えています。

クリントン時代と同じように、依然として外交的な解決を妨害しています。これは国連決議のことですが。以前より悪くなっているケースさえあります。

もう一つお話しをしましょう。ジュネーブ条約は第二次大戦直後に、ナチスの残虐行為を正式に犯罪行為とするために締結されました。この条約には、アメリカを含め、条約の履行を厳粛な約定によって義務づけられている主要当事国が定められています。条約の実行が彼らの責任です。

もしアメリカがそれを実行しなければ、戦争犯罪になります。ジュネーブ条約の第四条は、軍の占領下にある地域に適用されます。では、イスラエルが占領する地域には適用されるのでしょうか。この点で、世界は割れています。世界の返事はイエス、イスラエルはノー、そしてアメリカは棄権しました。なぜなら、国際法の核となる条項に、正面から反対表明することを嫌ったからです。とりわけこの条約が定められた状況、つまりナチスの残虐行為を犯罪行為とするために定められたという点を考慮すると、できないことでした。したがってアメリカは、答えを控えています。アメリカの棄権は、この問題を闇に葬ってしまいました。つまり報道されることなく終わってしまったのです。この問題は歴史からもれてしまっていますが、実際には存在しています。

例えば、二〇〇〇年十月、インティファーダが始まった直後の安保理で、イスラエルが占領する地域にジュネーブ条約が適用されるか否か、再度投票が行われました。結果は十四対〇で、アメリカは棄権。これでジュネーブ条約は、慣習法になってしまいました。ジュネーブ条約に従えば、占領地でアメリカとイスラエルが行っていることは、すべて違法となります——占領地への入植、駐留軍、いずれも違反です。

ジュネーブ条約違反というのは戦争犯罪を意味します。しかしその件についての報道はありません。したがってそういう問題は存在しないことになりました。二〇〇一年五月にスイスで再び会議が開かれました。スイスは条約当事国の一員で、主要当事国による会議を召集しました。会議をボイコットしたアメリカとイスラエル、オーストラリアを除く全員が集まりました。オーストラリアの新聞によるとボイコットはアメリカの圧力によるものでした。ＥＵ（欧州連合）のメンバー、イギリス、その他、百十四カ国が出席しました。

そこでは、イスラエルの行動にジュネーブ条約を適用し、占領地への入植については違法とする姿勢を強力に支持する決議が承認されました。イスラエルは住民に対する弾圧と残虐行為をただちに中止しなければならない、といったことです。ところがこれらの事実は、アメリカ国内では一切報道されませんでした。したがって実際にはそういう事実はないことになりますが、実は起きていたのです。

それが現実の政策です。人々が感じている政策の転換は、私に言わせれば幻想です。これが現実の政策であり、その政策が変更されない限り、このままの状態が続きます。

**問**　同時多発テロ以後、マスコミのイスラム教徒に対する扱いをどう思われますか。

**チョムスキー**　実は思っていたよりも、いい対応を見せていました。今回のテロと一般のイスラム教徒とを区別しようという誠実な試みがかなり見られました。信頼するに足る人々は信頼しようという考えです。怖れていたような、一般のイスラム教徒に汚名を着せる動きは見られませんでした。アメリカ国内には、アラブ人に対する人種差別、イスラム教徒に対する差別が多く見られます。これは最後の合法的な人種差別の一つといえるでしょう。ここで合法的というのは、否定する必要がないという意味ですが。

しかし、そうした差別が九月十一日以降著しく増えたとは思いません。反対に、それを抑えようという動きがありました。

**問**　ブッシュ大統領はイラクを「悪の枢軸」のメンバーであると非難しました。また、軍事的な圧力をかけると威嚇しています。イラク攻撃の可能性はどのくらいでしょうか。

**チョムスキー**　「悪の枢軸」という用語は、ブッシュ大統領のスピーチライターが提案したものです。「悪」という言葉は明らかに人を脅すのに便利です。「枢軸」は、ナチなどの記憶を呼び起こさせる効果を狙ったのでしょう。実際には、枢軸はまったく存在していません。イランとイラクはこの二十年間ずっと交戦状態にあります。

北朝鮮は、フランスほど両国と深い関係にはありません。ですから枢軸とは考えられません。おそらく北朝鮮は、はずみで仲間に加えられたのでしょう。扱いやすい標的ですから。爆撃をしたところで誰も気にしないでしょう。北朝鮮を悪の枢軸に加えたもう一つの理由は、彼らがイスラム教徒ではないからです。したがって北朝鮮を加えることで、イスラム教徒を標的にしているという批判をかわすことができます。ですから北朝鮮は除いて考えましょう。

イラクに関しては、それなりの理由がいくつかあります。イランはどうでしょうか。まずその歴史を振り返ってみましょう。過去五十年のイランの行動は、アメリカにとって時には悪、時には善でした。その軌道をみれば答えは出てきます。一九五三年のイランは悪の縮図でした。保守的なナショナリストが建てた政府が、その時点までイギリスの手にあったイラン国内の資源の支配権を取り戻そうと図っていたからです。アメリカとイギリスは軍事クーデターによって政府を打倒しなければなりませんでした。そして国王が再び政権の座に据えられました。

その後の二十五、六年、イランは善の存在でした。国王は世界でもっとも悪名高い人権無視の記録を残しました。アムネスティーの報告では、彼の名前はワーストワンに挙げられています。しかし、国王はアメリカの利益のために尽くしました。サウジアラビアの島々を攻略し、この地域におけるアメリカの支配を助け、あらゆる面で協力しました。アメリカにとって国王は頼もしい存在でした。ですからイランが犯した悪行について、新聞はまったくコメントしていません。とりわけカーター大統領は、国王に賞賛を惜しみませんでした。追放されるほんの二、三カ月前、国王は「イラン国民が自分に示してくれる愛に深く感銘を受けている」などと語っています。

一九七九年にイランは再び悪となりました。王制が打破され、以来悪の国になっています。アメリカの命令には従いません。実は、ある興味深い立場におかれています。アメリカ国内の大変有力なロビー、すなわちエネルギー企業はイランを世界のシステムの中に再び組み込みたいと願っていますが、政府はそれを許そうとしません。イランを敵のままにしておきたいのです。この「悪の枢軸」イランがやっていた仕事の一つは、後ろに大勢の国民を従えた、イラン国内における改革主義者の活動を切り崩すことでした。そしてもう一つ、もっとも反動的な聖職者グループに援助を与えることでした。しかし、アメリカはどれも是認しています。どういうわけでしょうか。

それはごく当たり前の理由によると思われます。記録文書がないので、あくまで推測ですが、いわゆる威信の確立というものです。マフィアのドンなら上手に説明してくれるでしょう。命令を聞かないやつが出たら懲らしめなければいけない。逸脱は許されない。他の者への見せしめをしなくてはならない。そういうことです。

それが現在の政策の主要な目標でしょう。アメリカはイラン攻撃には出ないと思います。危険過ぎるし高くつきます。しかしイラン国内の反動色の強い聖職者層を支援すれば、イランが国際的なシステムに組み込まれるチャンスは遠ざかります。

# Noam Chomsky
# ノーム・チョムスキー

インタビュー

**マサチューセッツ州ケンブリッジ、二〇〇二年五月二十一日**
**インタビュアー＝ジャン・ユンカーマン**

――九月十一日のテロが起こったとき、あなたはどこにいましたか。どのようにして事件を知ったのですか。

**チョムスキー**「地元の男性から聞きました。地元で働いている労働者です。彼が通りかかって、テレビで見たことを教えてくれたのです。そのとき私は初めて事件について知りました」

――事件を知って、まずどうしましたか。

**チョムスキー**「ラジオをつけて、何が起こっているのか聞きました。それは明らかに、恐ろしい残虐行為でした。私の反応も、世界中の人々と変わりませんでしたよ。

あれはひどい残虐行為です。しかし欧米や日本に住んでいるのでないかぎり、とくに目新しいことだとは思わないでしょう。あれが帝国主義国家が他の国々を何百年にもわたって扱ってきたやり方なのです。

これは歴史的な出来事です。しかし、あいにくその規模や性質においてではなく誰が犠牲になったかにおいて歴史的なのです。

何百年もの歴史を見れば、帝国主義の国々は、基本的に攻撃を免れてきました。残虐行為はいくらでもありました。しかし、それはどこか他の場所で起こっていたのです。日本が中国において残虐行為を展開したときも、私の知るかぎり、東京が中国人のテロリストに攻撃されたことはありませんでした。常に、どこか他の場所です。何百年にもわたってそうでした。今回、初めて違ったのです。

さほど驚くことではありません。私はこうしたことについて以前にも語り、専門的な論文も含め、あらゆるところに書いてきました。現代の技術を使えば、さほど高度な技術をもたない小さな集団にも、きわめて残虐な行為を実行することが可能になりました。日本で起こったサリン事件も、その一例です。

9・11以前のアメリカの専門誌には、ニューヨークで原爆を爆発させるのはさほど難しくないと指摘する記事が載っています。きちんと管理されていない核兵器が世界中にたくさんあります。不幸にも、何万もの爆弾と部品があるのです。それらを組み立てて小さなダーティ・ボム（汚い爆弾。通常の爆弾に放射性物質を混入させたもの。爆発力で放射性物質をまき散らす。放射線障害などで多数の人が被害を受ける危険がある）をつくることは、誰にでも可能です。

広島に落とされた原爆も、今となっては小さな爆弾とされています。しかし広島と同じ原爆がニューヨークのホテルの部屋にあるのは、あまり楽しいことではありません。

しかもそれは少しも難しいことではないのです。私ぐらいの能力でも、たぶんカナダとの国境を越えてひそかにそれらを持ち込むことはできるでしょう。国境守備隊もいないし、管理もされていませんから。

現在こうしたことは、いくらでも起こりえます。

やみくもに騒ぎ立ててもしょうがありません。もしも、本当にこれ以上の残虐行為を防ぎたいと思うなら、問題のルーツを探すことです。路上の犯罪でも戦争でも、何であれ、犯罪行為の背後にはいくらかは正当な理由があるものです。そうした要素について考えなければなりません」

——そういう分析を聞いて、あなたがテロリストを弁護していると非難する人もいます。

**チョムスキー**「弁護するというより、正気かどうかの問題です。さらなるテロ攻撃が心配でないならいいですよ。原因なんか気にしないでおきましょう。しかし、それを防ぎたいと思うなら、原因が気になるはずです。弁護するしないの問題ではありません。

そういう批判がどう作用するか、非常に興味深いですね。例えば、もし私が、ビンラディンのグループの背後関係について『ウォールストリート・ジャーナル』の記事を引用したとしましょう。私はビンラディンの弁護者として批判されます。しかし『ウォールストリート・ジャーナル』は批判されません。私は『ウォールストリート・ジャーナル』の記事を引用したのに。

これではっきりわかります。彼らにとって気になるのは、アメリカの政策に対する批判なのです。

もし、『ウォールストリート・ジャーナル』を引用したのだとしても、あるいは四十年前に同じ問題を論じた政府の機密解除文書を引用したのだとしても、私が弁護者なのです。『ウォールストリート・ジャーナル』でも安全保障会議でもありません。なぜなら彼らにとって不一致や不服従こそ脅威だからです。

しかし、理由を見つけようとする努力を弁護だなどと決めつけるのは子どもじみています」

――あの攻撃の現場となった世界貿易センターが、いまグラウンド・ゼロ（爆心地）と呼ばれています。広島と長崎で原爆を経験した日本人が「グラウンド・ゼロ」という言葉を聞くと、複雑な思いにとらわれるそうですが。

**チョムスキー**「この問題に関しておもしろいと思うのは、ほとんど誰もそれについて考えないということですね。調べてごらんなさい。新聞を見ても、たくさんの論評を見ても、この問題に関するコメントを見かけたことはありません。アメリカの国民はまったく気づいていないのです」

――しかし、この言葉は……

**チョムスキー**「その通り、まさに爆心地という意味です。それは疑いようもないことです。私は、すぐにピンときましたよ」

――だから、日本人がその言葉を耳にすると心に響くものがあるのでは。

**チョムスキー**「わかります。しかし、アメリカではそういう意味をもちません。毎度のことですよ。どこか他で引き起こした残虐行為は存在しないのです。

アメリカについて話しましょう。なぜ私がここに座っているのか。それは、イギリスから何人かの信仰深い狂信的な原理主義者が渡って来て、原住民を殺し始めたからです。その後、多くの人々が彼らに続き、残りの原住民を根絶しました。小さな事件ではありません。何百万人も殺したのですから。

当時の人々は、自分たちが何をやっているのかわかっていました。自分たちの行為に何の疑問も抱きませんでした。何百年も経つと、誰も気にしなくなります。

注目すべきことに、それを思い出したのは一九六〇年代に入ってからです。六〇年代の反体制運動と、それに続く意識革命が、初めてこの問題を考え直すことにつながったのです。三百年経って、人々は我々の祖先がやったことについて考えるようになりました。

まだ子どもだった頃、私はカウボーイごっこをしました。私たちはカウボーイになって、インディアンを殺しました。それについて、何も考えたりしませんでした。しかし、私の子どもたちは、そういうことをしませんでした」

――日本政府がアフガン侵攻に参加したことについて、何かご意見はありますか。

**チョムスキー**「ほとんどの政府が、あらゆる努力をして、アメリカが主導する連合軍に参加しましたが、常に彼らなりの理由があります。

初めに熱心に参加した国の一つはロシアでした。なぜでしょう。チェチェンにおける、彼ら自身の恐ろしい残虐行為を、より積極的に進めるのを公認してほしかったからです。中国も喜んで参加しました。西域における抑圧をアメリカに支援してもらえることが、とてもうれしいのです。アルジェリアは、世界でもっとも大きなテロ国家の一つですが、彼らも対テロ連合に歓迎されました。

西側の知識人たちの気質をまざまざと教えてくれるもっとも顕著なケースが、トルコです。トルコ軍は今、カブールにいます。あるいは、もうすぐ入るところかもしれません。アメリカの資金提供を受けて対テロ戦争を戦う姿が見られるでしょう。なぜトルコは軍隊を派遣しているのでしょうか。それは感謝の表明なのです。なぜならアメリカこそは、過去数年にわたってトルコがトルコ南西部で行ってきた大規模なテロを、強力に支援してくれた唯一の国だったからです。

これは古代史ではありません。それどころか今も進行中なのです。彼らは一九九〇年代最悪の残虐行為のいくつかを実行しました。ミロシェビッチ（前ユーゴ大統領。旧ユーゴスラビア紛争での非セルビア人勢力への虐殺行為などをめぐり、刑事責任を問われた）がコソボにおいて告発されたよりはるかにひどい行いです。

それはコソボ紛争と同じ頃、トルコ国民の四分の一を占めるクルド民族に対して行われました。ひどく抑圧されているクルド人たちに対してです。何百万人ものクルド人が家を追われ、何千もの村が破壊され、おそらく何万人もが殺されました。想像しうる、あらゆる種類の残忍な行為が展開されました。

クリントンは武器を投入しました。トルコは、イスラエルとエジプトを除くと、アメリカの武器の最大の受領者となりました。

トルコは、大きな国家的テロの遂行を喜んで助けてくれたことで、アメリカに非常に感謝しています。そのお返しとして彼らは今、対テロ戦争を戦っているのです。

9・11の事件の前、NATO五十周年となる一九九九年に、セルビアの爆撃が始まりました。これは大問題でした。恐ろしいことではありませんか。NATOとの境界にこれほど近い場所で起こる残虐行為を、どうしたら黙認することができるでしょう。これは話題になりました。NATOの内部であるトルコでも同じ問題が起こっているというのに、そちらは見逃されました。そしてアメリカが支援している事実を指摘する言葉は出てきませんでした。

アメリカは、NATO内部の大規模な残虐行為に対して大きく貢献しました。同時に、ワシントンに西側諸国の指導者たちが集まり、NATOの外側で起こっている残虐行為について苦慮し——彼らの主張は正しくありませんが——残虐行為を阻止するための爆撃について自賛していました。

しかし、こうした事実についての論評は見つかりません。私はそれについて書きました。しかし思い切って意見を述べた者は誰であれ、セルビアの弁護者扱いされました。まさに、あなたがおっしゃった通りです。

西側の知識人たちが、こうしたことを知りながら何も言わないという事実は、彼らがよくしつけられている証拠です。全体主義国家で、ここまで知識人をしつけられるとは思いません。これはむしろ西側諸国に顕著な現象です。日本で誰かが言及しているかどうかは知りませんが、驚くべきことです。

私は今日の午後、ドイツの代表的な新聞のインタビューを受け、彼らに言いました。〝あなたたちは知るべきだ〟と。アメリカはトルコに対する最大の資金提供国ですが、二番目はドイツです。誰だってテロをやめさせたいと思ってます。簡単なことです。参加するのをやめればいい。それだけでも、世界中で起きている、ものすごい数のテロ行為の大部分を減らすことができます。

このことは程度の違いこそあれ、私が知るどの国にも共通しています。とくに顕著なのは、アメリカ、イギリス、ドイツなどです。政府や知識人とは、そういうものなのです」

――驚くべき偽善的行為ですね。私は日本で生活しているのですが、第二次世界大戦時の日本の犯罪責任について話すたびに、こんなふうに前置きをしなければなりません。私は、ベトナム戦争に関わり、何百万人も殺し、三十日でそれを忘れてしまったように見える国から来た人間だと。

**チョムスキー**「アメリカ人がベトナム戦争についてどこまで忘れてしまったかは、この三月にきわめて明らかになりました。アメリカの南ベトナム攻撃が公式に発表された、四十周年記念の月だったのですよ。アメリカのパイロットが南ベトナムの爆撃を開始し、食糧生産を断つために化学兵器の使用を始め、何百万人を強制収容所へ送り始めたのが、四十年前の三月でした。

ただ、アメリカが南ベトナムに対して戦争を始めたことだけが、公式にアナウンスされました。四十年経った今年、何の記念式典も行われないのは、誰もそのことを知りさえしないからです。

もし我々が他の国に対して行うなら、それは普通のことです。世界が破局に向かうのは、彼らが我々に対して何かをするときです。しかし我々が彼らに対して行っても、特別なことではない。そんなことは話し合う必要もありません」

——日本も同じですか。

**チョムスキー**「日本のほうが、まだいいと思います。日本は敗戦国です。敗北した国は、自分たちの行ったことを気にかけるよう強いられます。勝者は強いられません。

東京裁判がいい例でしょう。戦犯とされた人たちが、あらゆる種類の犯罪を行っていたのは疑いようもありません。しかし、裁判は完全に茶番劇でした。法律的にも、他の観点からも、恥ずべきものでした。誰がアメリカ人を戦争犯罪に問うことができたでしょうか。

ニュールンベルグにおいて戦争犯罪の原則が組み立てられた過程は、興味深いですね。何を戦争犯罪とみなすべきかを、ニュールンベルグで決めなければなりませんでした。そこには明白な定義がありました。ドイツが行い、我々が行わなかった犯罪が戦争犯罪だということです。

例えば、都市部の住宅密集地を爆撃することは戦争犯罪ではありませんでした。なぜなら、アメリカ軍やイギリス軍のほうが、ドイツ軍よりも多くそれを行ったからです。だからそれは戦争犯罪ではありません。ドイツの潜水艦指揮官は、自らの弁護のために、アメリカの潜水艦指揮官を連れてきて、〝ああ、我々も同じことをやりましたよ〟と証言させることができました。彼らは、それで釈放されました。なぜなら、連合国の行ったことは戦争犯罪ではなかったからです。

その傾向は、ますますひどくなっていきます。オランダで堤防の水門を開くのは、当然ながら戦争犯罪とみなされました。しかしほんの数年後、北朝鮮でアメリカ空軍は、国中のあらゆるものを爆撃した後、ダムへの爆撃を始めました。これはひどい戦争犯罪です。堤防を開くことより、はるかに悪質です。これについては報告がありました。しかし、自慢げに語られています。

公式の空軍史や、空軍の季刊誌などを開けば、身の毛もよだつほど詳細に描写されています。ダムを爆撃し、大規模な洪水が谷を襲い、人々の怒りを目の当たりにすることが、すばらしい偉業であるかのように書かれています。〝ほら、ごらんよ、彼らがコメを食べて暮らすアジア人だ。彼らにとっては、水田を破壊されるのがいちばん困るんだ〟と。

これはまさに狂信的な人種差別です。しかし称えられました。彼らがドイツの指導者たちを処刑してから、ほんの二、三年後におきたことです。ドイツ軍のやったことなど、これに比べれば大したことではないのに。

これは歴史に残っていません。誰も知りません。特別に調べなければ、知ることはできないでしょう」

――ベトナムで起こった多くの出来事と同じように。

**チョムスキー**「『クリスチャン・サイエンス・モニター』という、アメリカの代表的な新聞に特派員の一人が書いた〝トラックか、ダムか〟というタイトルの記事があります。記事は質問を投げかけていました。ベトナムにおいて、我々はダムを爆撃すべきか、それともトラックを爆撃すべきか。

記事にはこう書いてありました。〝そう、ダム爆撃のほうが、はるかに満足度が高い。なぜなら、大きな成果や、災禍や、多くの人々が飢える様子が見えるからである。しかし、そうした利点にもかかわらず、戦術的にはトラックを爆撃するほうがよい。なぜなら、トラックは軍需物資を運んでいるかもしれないし、それらの軍需物資はアメリカの兵隊を傷つけるかもしれないからだ。したがって我々は、ダム爆撃の欲求に打ち勝ち、かわりにトラックを爆撃すべきである〟。

しかし、この記事に関して印象的だったのは、反応が何もないことです。まったく何の反応もありませんでした」

――あなたは長年、その種の矛盾を指摘し続けてきました。どのようにしてあなたが活動家になったのか、少しお話しいただけますか。

**チョムスキー**「子どもの頃に遡ります。私が書いた最初の作文。いつ書いたか、はっきり覚えてますよ。一九三九年の二月、バルセロナが陥落した後でしたから。その作文は、ヨーロッパにおけるファシズムの拡大について書いたものです。私は十歳で、活動家ではありませんでした。しかし、それ以来、そのことは私の人生の大きな部分を占めるようになりました。

国全体が平穏だった一九五〇年代後半は、何もしていませんでした。しかし六〇年代の前半、世の中が再びキナ臭くなり始めると、すぐに活動に戻りました。いくらかの後悔と狼狽とともにね。なぜなら私には、そういうことはパートタイムではできないことがよくわかっていたからです。一度始めたら、すべてを費やさなければなりません。それに、私にはやりたいことがたくさんあり、それらを犠牲にしたくなかったんです」

――自分で選んだのですか。

**チョムスキー**「なんとなく」

――そうすべきだと感じたのですか。

**チョムスキー**「ベトナム戦争が始まる頃には、無視することは不可能になっていました」

――活動を始めた初期の頃、あなたのやっていることに対してどんな反応がありましたか。

**チョムスキー**「ほとんどは、まったく理解できないようでした。ベトナム戦争は、実は一九五〇年にアメリカが関わる形で始まりました。そして一九五四年から一九六〇年まで、ベトナムには、ラテンアメリカ型のテロ政権があり、アメリカはそれを支援していました。冗談でも何でもなく、六万から七万の人々を殺しました。しかし、何の抗議運動もありませんでした。ゼロでした。

ケネディが政権をとると、彼らは支援をエスカレートさせました。そして間もなく、それは直接的な攻撃となりました。その頃はまだ何の抗議もありませんでした。六〇年代前半を通して、抗議の署名をする人はいませんでした。ミーティングを開いても、誰も来ませんでした。

今でも覚えています。私たちは何人かの学生と、関心をもつ他の人々で、ベトナム問題に関する集会を組織しようとしました。半ダースものテーマを一緒にしなければなりませんでした。イラン、ベネズエラ、ベトナムなどの六つの話題。そうでなければ主催者側の人数以上の人を集めることは不可能でしたから。

一九六五年か六六年までに、それは大きな関心事となりました。しかし、抗議のために集まる者は、ひどい敵意にさらされました。ボストンの、まさにこの場所で。ここはとてもリベラルな街です。しかし、私たちは公に反戦運動を行うことができませんでした。そんなことをすると、暴力的な方法でぶち壊されました。講演者の命を守るためには、何百人もの警官が必要でした。そして、参加者を攻撃した者は、リベラルなメディアに賞賛されました。

私たちは教会で集会を開きました。その教会は襲撃されました。街の中心にあるアーリントン・ストリート教会が襲撃されたのですよ。集会は攻撃されました。殴り込みや無差別殺人を防ぐためには、警察の助けが必要だったのです。教会は傷つけられ、みんながそれを正しいことだと考えていました。やるべきことだったと考えられていたのです。

私には二人の娘がいます。妻と娘たちが、女性による反対運動に参加したときのことを覚えています。どんなふうだったかおわかりでしょう。彼女たちは石を投げたりはしません。子どもと一緒に歩き回るだけです。

その反対運動は、コンコルド市で行われました。静かな、専門職の多い、アッパーミドル階級の住む郊外です。でも、妻と娘は襲われました。人々が、缶やトマトを投げたのです。それが正しいことだと考えられていました。

堂々と反対できるようになったのは、一九六六年になってからのことです。戦争が始まってから五年が経っていました。それまでに、何十万人ものアメリカ兵が南ベトナムで暴れ回っていました。そして戦争は、インドシナ半島の他の地域にも拡大していました。いったい何人殺されたのか誰にもわかりません。誰も数えなかったからです。

数週間前、すべての新聞の第一面にある記事が載りました。ダーティ・ボムを組み立てて、ニューヨークのどこかに置くことは可能であると数人の科学者が発見したというのです。

この爆弾は放射能を出しますが、破壊力は大したものではありません。科学者たちはその効果を試算しました。死者はそれほど出なくても、負傷者がたくさん出ると予想されます。そして確実にパニックを引き起こします。恐ろしい話です。

同じ日に、ハノイではある会議が開かれていました。アメリカの代表的な科学者たちも参加しました。枯葉剤の主要な有毒成分であるダイオキシンを研究している人たちです。

会議では、南ベトナムにおけるアメリカの化学兵器の効果について検討されました。南ベトナムだけです。北ベトナムは、枯葉剤によるテロを免れましたから。アメリカの科学者は、ベトナムのあちこちでダイオキシンのレベルをテストしました。食糧破壊などの目的で使われた枯葉剤に身をさらした人々のダイオキシン・レベルは非常に高かった。アメリカ国内での許容量より何百倍も高かったのです。最近、病気になった人たちの多くは、まだ子どもです。彼らは影響を受けた人の数を計算しようとしました。おそらく犠牲者の数は何十万人、途方もない数になったでしょう。新聞は、これについて何も触れませんでした。

私の友人が、新聞にどのような記事が載ったか調べてくれたのですが、二つほど言及があっただけです。我々が化学兵器を使用したことで、おそらく何十万人もが殺されたという報告は、ほとんど新聞に載りませんでした。ニューヨークで何人かを殺すかもしれない何かについての話は、第一面のニュースです。

そこに違いがあります。誰が重要で、誰が重要でないかという違いです」

――ジャーナリストは自分たちのことを、本当に起こっていることを暴き、不正を追及する者だと思い込んでいます。しかし実際にはそういう問題は報告されません。どうしてでしょう。

**チョムスキー**「一つには、周囲の価値観に染まってしまうからでしょう。自分が他の人々に対して行ったことは、問題だとみなさない。ジャーナリストだけではありません。学者も同じです。知識人の世界ではみんなそうですよ。

例えば、アメリカの知識人を対象に世論調査を行えば、アフガンの爆撃を支持する人が圧倒的に多いのがわかります。しかし、対ニカラグア戦争を理由にワシントンを爆撃すべきだという話になったらどうでしょう。キューバでも、トルコでも、他のどの国でもいい。そんなことを言ったら、誰だって正気を疑われるでしょう。しかしなぜ。つまり、一つは正しいのに、なぜもう一つが間違っているのでしょう。

この疑問について誰かと話し合おうとしても、彼らには質問の意味がわからないでしょう。彼らには、自分たちが他の人々に対して適用した基準を、自分たちにも適用しなければならないという理屈がわからない。理解不能なのです。もっとも根本的なモラルの問題なんですけどね。

ジョージ・ブッシュの大好きな哲学者（キリスト）の本を読めばいいだけなのに。聖書の中に、偽善者についての有名な定義があります。偽善者とは、他人に対して自分が適用する基準を、自分自身に対しては適用しない人間のことです。

この基準によれば、対テロ戦争といわれるものに関するあらゆる論評や議論は、例外なく純粋な偽善です」

――もっと視野を広くして考えようと公言する人々には、大きな障害が立ちふさがるでしょう。

**チョムスキー**「もしそんなことを言えば、たちまちオサマ・ビンラディンの弁護者として非難されます。反応はまさにヒステリックで、理屈など通じません。しかしこれは、さほど珍しいことではありません。一九三〇年代から四〇年代の日本に戻って、知識人たちを調査してみれば、同じような反応を得るでしょう。ドイツでも、フランスでも、どこでだって同じです。それが当たり前なのです。醜いことですが」

――アメリカの新聞で、来るべきイラクとの戦争についての記事を読むと、まるで規定路線のように書かれているのに気づかされます。

**チョムスキー** 「すでに技術的な問題を論じる段階です。費用はどのくらいかかるのか。何が問題となるのか。イラクの国民にとってはどんな意味をもつのか。

実際のところ、アフガニスタンは興味深いケースでした。アフガニスタンで世論調査を行うことはできません。しかし、アフガンの人たちの意見は語られました。

例えば、アフガニスタンの重要な女性グループ・ＲＡＷＡ（アフガニスタン女性革命同盟）は評価も高く、とても勇敢です。長い間、女性の権利のために戦ってきました。彼女たちはウェブサイトをもっています。彼女たちは語ります。言葉を使います。そして爆撃に強く反対しています。

二〇〇一年十月の後半に、アメリカはパキスタンで、アフガンの指導者千人を集めた会合を組織しました。アフガニスタンから来た人もいましたが、残りはパキスタンに住んでいる人でした。すべてアメリカの援助を受けている人たちです。彼らはあらゆる問題について意見を異にしました。しかし、爆撃に反対するという点では一致しました。〝爆撃は、内部からタリバンを倒そうとする自分たちの努力を損なう〟と言うのです。

アメリカがもっとも期待し、信頼している人物、アブドゥル・ハックも同じ意見です。彼はよく知られたアフガンの反体制主義者で、パキスタンに住んでいます。彼は、カーネギー平和基金のインタビューを受けました。

インタビューの内容は、アメリカでは発表されませんでした。しかしヨーロッパで発表されました。彼は、次のように語っています。〝アメリカが爆撃を行うのは、ただ自分たちの腕力を見せたいためだ。アメリカ人は、アフガニスタンやアフガン人に何が起こるかなど気にしていない。それは八〇年代も今も変わらない〟。

これがアフガン人の意見なんです。アフガン人が何を思うかなど、誰が気にするでしょうか。我々はただ、やりたいことをやるだけです」

――パレスチナとイスラエルの問題に移りましょう。誰もそれが占領だと気づかないまま進行していた三十五年間の占領についても、同じことが言えるでしょうか。

**チョムスキー**「あれは単なる占領ではありません。きわめて冷酷な占領です。軍事的な占領とはそういうものですが、中でも特別に残酷なんです。なぜなら、パレスチナの人々を精神的に追い詰め、できれば追い出すことが、本当の目的なんですから。

占領はアメリカの支援なくして続かないでしょう。アメリカは、三十年間にわたって、あらゆる外交的な解決を妨げてきました。もちろん軍事的、財政的にも支援しています。

イスラエル人入植地がこの地域に増え、イスラエルという国家に組み込まれるとしたら、それはアメリカの納税者がやったことです。彼らに拷問を加えているのは、アメリカの納税者なのです。概算で約五万人が拷問されたとされています。

彼らがレバノンに侵入し二万人を殺しても、アメリカは武器や資金を提供するだけでなく、それを止めようとする国連安全保障理事会の決議案を拒否するでしょう。何も重要ではありません。そんなことはどうでもいいのです。そんなことは残虐行為ではない。残虐行為というのは、パレスチナ人がイスラエルに何かをしたときのことです。

現在、唯一の課題は自爆テロです。自爆テロが始まったのはいつだったでしょう。

去年です。あれは犯罪です。明らかに、恐ろしい犯罪です。三十四年間の平安の後、占領地区内のパレスチナ人がイスラエルに対して初めて行った、一年間の犯罪です。

イスラエルには免疫がありました。つまり、これまでにもイスラエルへのテロ攻撃はありましたが、占領地内からではありません。占領地は明らかに受身でした。また、受身であるべきです。ヨーロッパとその植民地の関係と同様でした。この図式に変化が起これば、恐ろしい残虐行為です。

去年の十二月、安全保障理事会はEUが提案した解決策を採択し、暴力を少しでも軽減するために、監視団を派遣しようとしました。その効果はあるはずでした。周囲に国際的な監視の目があれば、残虐行為は弱まる傾向があります。アメリカはこれを拒否しました。

その一週間前、ジュネーブで第四次ジュネーブ協定に共鳴して参加する国々の、非常に重要な会合がありました。百十四カ国が参加し、EUの国々はすべて、イギリスでさえ参加しました。そして彼らは、国際的に何度も確認され、以前はアメリカも支持していたことを、あらためて再確認しました。ジュネーブ協定は占領地に関するものであり、第四次協定はイスラエルの占領地に適用されるという決議を確認したのです。

そして参加国は、さらに正しいことを指摘しました。事実上、イスラエルが行っていること、つまりアメリカとイスラエルが行っていることは違法であり、現実には戦争犯罪だということです。そして、その多くが重大な違反だとすれば、それは深刻な戦争犯罪です。アメリカとイスラエルの指導者は、裁判にかけられるべきだということです。事実、ジュネーブ協定の参加国として、アメリカは重大な協定違反を犯した者を告発する義務を負っています。そこには、自国の指導者も含まれるのです。

アメリカは、この会合に出席しませんでした。それは、本質的には会合をつぶすことを意味します。この事実は、アメリカではほとんど報道されませんでした。それらは残虐行為を後押しすることです。ジュネーブ協定違反です。東京とニュールンベルグで人々が裁かれたような深刻な戦争犯罪が正当だったと認めることを意味します。

こういう話はいくらでも続けられますよ。アメリカは一方的に解決を阻止してきました。そして今なお阻止し続けています。

サウジアラビアが提案した和平プランについて、現在、さかんに話し合われています。もちろん、アメリカはそれを受け入れませんが、それは〝一歩前進させるためのすばらしいプラン〟です。

しかし、サウジのこの和平プランについては、二十五年にもわたり協議され続けています。最初は一九七六年の安全保障理事会において、非常に具体的に提案されました。アメリカはこれを拒否しました。アラブの国々やPLOも含めて、世界中のあらゆる国がそれを支持しました。以来ずっとそういう状況です。

学者の世界で、どれほど多くの人がこのことを知っているでしょう。おそらく十人程度です。つまり隠されているのです。

アメリカは〝ピースプロセス〟なるものを進めています。定義によれば、それは、何であれ、アメリカが行うものです。この三十年間のピースプロセスは、アメリカが平和を損なうことでした。

誰がそんなことを知っていますか。誰も知りません。私が教養ある聴衆や、研究者たちに向かってこのことを話しても、誰も私の言おうとしていることがわかりません。わかるはずがないのです。いったいどうして、アメリカが平和を損なうなんてことがあるでしょうか」

――なぜアメリカは、しばしば、安全保障理事会の決議に反対するのでしょう。

**チョムスキー**「世界中の国が賛成なのに、反対するのは、たいてい、アメリカだけです。どんな問題に関してもそうです。共産主義が崩壊するまでは、国連の活動を阻害するのはソ連だという一般的な了解がありました。誰だってそう思っていました。事実上、ソ連が崩壊したとき、『ニューヨーク・タイムズ』にこんな記事が載りました。〝ついに国連は、ソ連の拒否なしに、機能を果たせることになるだろう〟という記事です。

拒否権の記録を調べてみると一九四〇年代後半と五〇年代の初期には、ソ連は何度も拒否権を行使していることがわかります。理由は単純です。アメリカの権力があまりに強かったため、アメリカは国連を自分たちの外交政策の道具のように使うことができました。それでソ連は多くの決議を拒否したのです。

一九五〇年代に入ると状況は変わりました。植民地の独立が始まったのです。国連の、世界の代表としての性格が強まりました。他の先進国も復活してきました。

一九六〇年代からは、国連はアメリカにもコントロールできなくなりました。

一九六〇年代から現在に至るまで、他国に比べてはるかに多く拒否権を行使しているのはアメリカです。イギリスが二位、かなりの差があってフランスが三位、ロシアは四位です。多くの人が考えている構図とはかなり違います。中東問題だけではありません。あらゆる問題に関して同様です。

理由はとても単純です。世界最強の国家は、国際的な権威を受け入れないのです。他の国だって、もし拒否できるものなら拒否したいかもしれません。もしそれを無視できるものなら、アンドラ（フランスとスペインの間にある小国）だって自分たちのやりたいことをやるでしょう。しかし現在の世界では、やりたいことをできるのは、最強の国だけです」

――アメリカはヨーロッパの意見も無視しているようですね。

**チョムスキー**「常にそうでした。アメリカは、自国の意見ですら無視します。もう一度、中東問題を考えてみましょう。アメリカ国民の大多数は、サウジのプランを支持しています。しかしアメリカはこれに反対しています。

もしアメリカ人に、〝ほら、あなたの国の政府はあなたの支持することを阻止していますよ〟と言っても、彼らには何のことかわからないでしょう。誰も、そんなことは知らないからです。知るためには調査プロジェクトが必要です。

したがって、アメリカ国内の意見もまた、無視されています。今だけではありません。そして拒否権をもてば、誰だってそうするでしょう。それはアメリカに限ったことではありません」

――そんな状況が変わる可能性はあるのでしょうか。

**チョムスキー**「変わってきました。三、四十年前と比べれば、よくなってきています。例えば、今ではアメリカ政府も、武器の輸送などに関して、議会から出された人権に関する要求を考慮しなければならなくなりました。普通はこれをうまくかわしますが、それでも束縛はあるということです。なぜでしょう。一九六〇年代の変化の結果です。
アメリカの国民は四十年前と比べ、はるかに文明的になりましたし、現在もその傾向は続いています。そのことが、国の暴力に束縛を課しました。
他に方法はありません。世界最強の国に束縛を与えることのできる力は、外部にはありえません。たとえそれがアメリカであろうと、他のどこかの国であろうと。しかし、内部から束縛することは可能なのです」

――あなたは先日の講演で、宇宙空間における軍事化について語り、世界最強国とそれ以外の国々の間の力の差が広がっていると指摘しました。そうした格差は、どんどん大きくなっています。これは現在の世界情勢に強い影響を与えるのでしょうか。

**チョムスキー**「すでに影響はあります。実際に、最近のアメリカのリーダーシップは、この点で極端です。しかし彼らは、世界をコントロールするために、実にあからさまに、公然と暴力を行使します。彼ら自身、そう言っています。
例えば、数週間前、サウジアラビアのアブドゥラ王子が訪米しました。彼はアメリカの指導者たちに、イスラエルの横暴を支援するのを控えるよう、説得しようとしました。アブドゥラ王子は、アラブ世界において、アメリカの利益、例えば石油にかかわる非常に危険な反乱が起こりつつあると言いました。アメリカの指導者たちの反応はおもしろかったですよ。『ニューヨーク・タイムズ』に掲載されました。もちろんアブドゥラ王子の意見は退けられました。彼らはこう言ったのです。

〝我々が砂漠の嵐作戦の間、イラクに対してやったことを見るがいい。我々は当時より十倍も強くなっている。もし、どのくらい強いか知りたければ、アフガニスタンでやったことを見ればいい。おまえたちに、頭を上げればどういうことになるかを見せるためにやったのだ。我々の言うとおりにしないと、おまえたちは粉砕されるだけだ。おまえたちがどう思い、何を言うかなど、我々には関係ない〟。

これが彼らの考えです。そしてそれが行為に表れます。それは世界にとって、あるいはアメリカの国民にとっても、あまり好ましくないことです」

——アメリカはベトナム戦争のような長期戦争はもう始められないように見えます。

**チョムスキー**「もはや大衆の支持が得られないからです」

――しかし一方では、サダム・フセインやタリバンなどを悪魔化することで、政府は自由に統治することが可能になります。

**チョムスキー**「それは知識階級の選択です。サダム・フセインについて考えてみましょう。ブレアやブッシュやクリントンやオルブライトがイラクでの戦争を呼びかけるとき、彼らは常に同じような言い方をします。〝あれは歴史上、最悪のモンスターだ――あんな人間の存在を許しておけるだろうか――彼は究極の罪を犯した。自国の国民に対し毒ガスを使ったのである。どうしたらあんな人物を生かしておけるのか〟。

こうした言い分はすべて正しいですよ。ただ一点、語られずにいることを除けば。彼は自国の国民に対して毒ガスを使用しました。〝我々の支援のもとに〟。彼は〝我々の支持のもと〟にアンファル作戦を遂行し、おそらく十万人のクルド人を殺したのです。彼は大量破壊兵器を開発していました。そして〝我々は、それがはっきりわかっていながら彼を援助し、支持しました。彼は友だちであり、仲間でした。

そして、その後もそうでした〟。

論評の中に、こうした言葉をつけ加えた人を探してみてください。〝彼はモンスターである、ただし、彼は我々の支援のもとにそれを行ったのだ、なぜなら、我々にとってはどうでもいいことだったから〟。

そんなことを言う人はほとんど誰もいません。だから彼らはサダム・フセインを悪魔化することができるのです。しかし、彼の最悪の行為がアメリカとイギリスの支持のもとになされたという事実は除外されます。それは、単なる悪魔化ではなく、きわめて選択的な悪魔化なのです。

たまに書かれているとしても、私たちが彼の犯罪に十分な注意を払っていなかったという内容です。注意を払わなかったのではありません。気にかけなかったのです。指導者たちは、気にもかけませんでした。

彼がいかに恐ろしい人物であるかに関係なく、彼は価値ある奉仕を行っていました。イラクは、イスラエル以外では唯一、アメリカ海軍の船を攻撃する特権を与えられ船員を殺しました。ほとんどの国は、そんなことをして逃げおおすことはできません。イスラエルは一九六七年にこの罪を免責され、イラクは一九八八年に免責されています。

ペルシャ湾でイラクのミサイルがアメリカの駆逐艦に命中し三十七人の船員を殺したのです。アメリカは気にしませんでした。イラクは友だちであり仲間でしたから。フセインは我々の友人だったのですから。それはミスで片づけられました。他の誰も、こんなことをすれば許されません。イラクがその特権を与えられたのは、友人リストの非常に高いところにあったからに違いありません。そしてそれは、彼の残虐行為のもっともひどい時期のことでした」

――同盟といえば、日本はインドネシアと東ティモールの問題に関係しています。日本はかなりの規模で海外開発援助を行ってきました。

**チョムスキー**「それ以上ですよ。私も直接、経験しました。これまで話したことはないのですが、もしあなたがたが知りたいのであれば、お話しましょう。

私は、たしか一九七八年、東ティモール問題に関して、国連で証言しようとしていました。国連を説得して、批判的な証言を可能にした教会などのグループがあったのです。

国連ビルで、まる一日座って、証言するために呼ばれるのを待っていました。しかし、その機会はやって来ませんでした。背後に、証言を阻止しようとする官僚的な策略があったためです。

最初、私はそれがアメリカからの働きかけだと思いました。しかし違いました。日本からでした。日本はインドネシアをかばおうとしていたので、国連でインドネシアの侵略を批判するような証言がされるのを許したくなかった。それは、残虐行為がいちばんひどかった頃のことです。

彼らだけではありませんでした。実際には、この問題に関しては世界中がひどいことを行っています。今ではすべて隠されています。しかし残虐行為がもっとひどかったときに、アメリカはほとんどの武器を提供していました。一九七八年にはイギリスもやって来ました。当時はサッチャーではなく、労働党政権でした。その年がピークでした。死者が二十万人にも達したときです。

イギリスは、武器を送り込むいいチャンスだと見ました。彼らは主要な武器供給者となり、それは一九九九年まで続きました。フランスも参加しました。二年ほど後にはスウェーデン、オランダも参加しました。

東ティモール人を虐殺することによって少しでも金を儲けられる者、特権を得られる者たちは皆、嬉々としてそれを実行しました。今、彼らは我々の寛大さのおかげで生まれることのできた、新しい国家を称えています。このことは歴史からすべて消え去りました。過去になったのではありません。消えたのです」

――あなたの言語学者としての仕事と、あなたの政治的な活動の関係について聞きたい人が多いようです。

**チョムスキー**「直接的な関係は何もありません。私は代数の位相数学者であっても、同じことをしたでしょう。

もっと遠い関係ならありそうです。人々は、あらゆる理由で言語に興味をもちます。しかし私自身は、最初から、五十年間ずっと、人間のより高い精神的な能力、そして究極的には人間性のいくつかの面を探る方法として、言語に興味があります。

それは、あらゆる分野において表れます。言語はたまたま、人間の能力のまさに核となる部分を研究できるいくつかの分野の一つです。非常に強烈な形で、独特の、人間の能力の核を研究できる。そして、うわべだけの理解を超えた成果を得ることができます。多くの分野では困難なことですが、言語ではそれが可能です。

言語のこうした能力の中心には、何世紀も前から認められてきたことですが、〝クリエイティブ・アスペクト〟と呼ばれるものがあります。私たちが制限なしに、まったく新しい形で自分たちの考えを表現するための自由な能力です。これは、どうやら人間性の基本となる部分です。例えば、この能力はデカルト派哲学の中心です。

私たちは何かを学ぶことができます。私たちがどのようにそれを行うかではありません。それは研究不可能です。しかし少なくとも、そこに入り込むためのメカニズムは学べます。

同じような問題は、人間のあらゆる能力において生じます。二百五十年前にデヴィット・ヒュームはモラルの基本について、我々が今いうところの生成文法だと指摘しました。しかしそれは、新たな状況に、制限なく適用することのできる何組かの原理に違いありません。

彼は、その原理は我々の性質の一部分に違いないと指摘しました。なぜなら、それは経験によって得られるものではないからです。彼の指摘はそこまでですが、その原理は、人間なら誰でも同じということになります。実際には、彼はそんなことは言わなかったでしょう。当時は、人間はみな同じだと考えられていませんでした。

しかし今なら、私たちは人間がほとんど交換可能だということを知っています。種の中に、ごくわずかな、非常に小さい遺伝的な違いがあるだけです。私たちはたぶん、それほど遠くない昔に、小さな繁殖グループを起源として誕生したのでしょう。だから、私たちは基本的には同じ生き物です。ということは、それらの原理も同じだということになります。

また理論的に、私たちはそうした人間性の面に関して、人間の行為の分野に移って何かを学べます。ここには政治も含まれますが、個人的な生活なども含まれます。誰が、何について、どのような立場をとろうと、ものごとをそのままにしておくのが望みだとしても、ちょっとした変化を望むとしても、あるいは革命のようなものを望むとしても、もしあなたが真剣なら、もしあなたがモラルの行為者として行動しているなら、そしてあなたが最低限のモラルの基準を満たすべきだと思うなら、あなたは人のためになることを根拠として行動するでしょう。なぜなら、それは人々にとって良いことだからです。

それは、自分の基本的な性格をひっぱり出し、拡大し、表現する可能性を与えるでしょう。この点で、言語学とこうした原理との間には、理論的な関係があります。しかしそれは、きわめて抽象的です。なぜなら、人間のような複雑な何かを扱おうとすれば、常に外観しか見えません。実際、私たちは昆虫に関する同様の質問にも答えられないでしょう。こうした質問に対する科学的な理解のようなものが見つかるまでには、きっと長い時間がかかるでしょう。

だから気持ちのうえでは関係がありますが、理論的な関係はまだ見えてきません」

――しかし、あなたの政治的な根本原理とモラルの主張の間にはつながりがあります。

**チョムスキー**「似ています。家族が似ているようなものです。しかし、線で結ばれたような密接な関係は、まだ見えません」

## ノーム・チョムスキーについて

**鶴見俊輔**

ノーム・チョムスキーの講演と会見の模様を映画で見た。ほとんど四十年ぶりで彼に会ったことになる。

この前は、ヴェトナム戦争のころで、詩人の谷川雁が、言語教育の活動をになっていて、チョムスキーを東京にまねいた。

生成文法理論を構築して言語学に変化をもたらした人として、チョムスキーは専門家の関心の的となっていた。講演会があり、談話会がもたれ、盛況だった。

しかし、チョムスキー自身にとっては、ヴェトナム戦争への反対運動が日本にあるということへの好奇心が、日本訪問のかくれた動機になっていた。当日の言語学者との談話にそれが感じられないと谷川雁に言った。日本の数学者のあいだには弥永良吉がいて、すでにヴェト数懇（ヴェトナム戦争に反対する数学者の会）をつくって動きだしていた。この動きはやがて全国的なものとなり、後におこる脱走兵援助をしっかりと支えつづける。

谷川雁は機転のきく男だった。びっしりつまった予定表をかえて、急に私に電話してきて、チョムスキーと食事する機会をつくった。チョムスキーと親しく会ったのはこの時だけである。

それまで、私はチョムスキーの言語理論をいくつかの論文として読んだことがあるばかりだったが、この日から、ヴェトナム戦争についての彼の著作を読むようになった。彼が、自分の立場をあきらかにするだけでなく、本気でやる姿勢をもつ人であることを知った。

同時に、彼はヴェトナム戦争に反対するだけでなく、自分の言語理論を築く仕事もつづけている。それゆえに、学者としての自分の地位を捨てることはないと語っているとも読んだ。まだ三十代の終わりにいる人として、彼はそのころ自分の活動をそのように見ていた。

本多勝一の『戦場の村』の英訳出版について、彼は努力を惜しまなかった。そういう細かい実際的な活動にも手を貸してくれた。

だが、今回の講演と会見の記録を読んでみると、彼の重心の移動を感じる。

彼ももはや七十代に入り、理論形成の仕事に、大きな役割を果たす自分の時期を見きわめていることを感じる。マサチューセッツ工科大学に辞表を出しているという言明があり、このことをまだ、大学の人たちには伝えないようにしてほしいという会見も出ていた。

四十年前のヴェトナム戦争反対運動のときとちがう、人間全体をかける姿勢を文章と会話とに感じる。つまり、自分自身の言語の使い方が、前とちがう。

もちろん、言語についての考察から今も離れているわけではない。

「テロリズム」という言葉の使い方を彼は分析して、国家権力の責任者が、自分たちの側の活動について、この言葉をかぶせないという特色をあげる。

もともと、テロの支配という言葉は、フランス大革命について使われる。しかしそれは後の時代に定着した用例であって、フランス大革命の推進者たちは、自分たちがテロリズムを実行していると思いはしなかった。

ナチスも、自分たちがしていることを、テロリズムとして特徴づけることをしなかった。

二度の大戦において、ヨーロッパ諸国の支配層は、自分たちの方法をテロリズムとは言わなかった。

そしてアメリカ合衆国も、ヴェトナム戦争、湾岸戦争、アフガン戦争に際して、自分たちの方法をテロリズムとは言わない。もともと、その前から、アメリカ合衆国がラテンアメリカに対して用いている計画的暴力行為をテロリズムと呼んだことはなく、アメリカ合衆国国民は、自分たちの国がテロリズムを実行しているとは考えなかったし、そう言いもしない。

「テロリズム」とは、自分の国以外のものがとる行為についてかぶせる言葉だ。

このような言葉の使い方が、長くとおっているとき、それに対して、彼は何かできるのか。

講演会を映したいくつもの映画を見るかぎり、その場では、現在アメリカ合衆国でテロリズムという言葉がこのように使われていることを、受けいれる人びとが、会場をみたしていることがわかる。

チョムスキーの表情は、追いつめられた苦しいものではなかった。彼は、ゆっくりと、あかるく話していた。講演会場においてもそうだったし、個人で会見しているときもそうだった。そこには、現在の米国政府についての信頼を失っているとしても、今この場所に集まっているアメリカ人に対しては、信頼をもっている様子が、現れていた。

その信頼は、彼の言語研究の結果にもとづいている。

言語の研究は、人間の能力の核にあたるものをさがしあてる方向に彼を近づかせた。言語は、何かの法則に人をしばって、せまいところにおく。同時にその条件を使いこなすことをとおして、たえず新しいことを考える自由をあたえる。これは、十七世紀フランスのデカルト哲学の中心にある考えである。十八世紀にイギリスの経験論哲学者ヒュームは人間の習慣の考察をとおして、経験から与えられたものでなく人間性の一部分として、一組の原理の存在に眼を向けた。チョムスキーのあきらかにした生成文法(generative grammar)への直観を、彼はヒュームに見出している。

わずかな原則を自由に使いこなして未来に向かう人間の本性は、早くにつくられて今日に至っている。その長い歴史の中では、今年、来年は小さい。その長い時間で働きつづける人間の活動を信頼して、今この時を生きる。そこに、チョムスキーのあかるい表情がある。

人間の活動の核に、言語を生成発展させる規則がある。その規則とともに働く最小の道徳原則がある。その関連をあきらかにすること。それによって生きること。できれば、人間の政治も、その根本の規則と結びつく方向にかわってゆくように、おたがいに生きてゆきたい。

四十年前に、彼はこんなことを言った。

自分はユダヤ人だ。過去を忘れない。自分には、原子爆弾を落とされた日本人がもはやそれを忘れたように見えることが、納得できない。

チョムスキーは今、イスラエルの政策に対するひとりのユダヤ人として立っている。それは、アメリカ合衆国の政策に対して立つ何人ものアメリカ人の一人としての彼の姿勢を支えるものだ。

彼の考える言語は、アメリカ語ではなく、英語でもなく、アラブ諸言語、日本語の深層で働きつづける人間の言語における共通の変換規則をもっている。

# チョムスキー 9.11
# Power and Terror

**監督 ジャン・ユンカーマン／記録映画／35ミリ・カラー／74分／2002年シグロ作品**

誰だって
テロをやめさせたいと思っている。
簡単なことです。
参加するのをやめればいい。


企画・製作＝山上徹二郎／撮影＝大津幸四郎／整音＝弦巻裕／
編集＝ジャン・ユンカーマン、秦岳志／アソシエイト・プロデューサー＝小川真由

撮影応援＝吾妻常男、スコット・クロフォード、ジャン・ユンカーマン／
現場録音＝スティーブ・ボアス、タミー・ダグラス、平岡純、小川真由／
製作応援＝キャスリーン・オコネル／通訳＝クリストファー・フィールド

翻訳＝松本薫、ジャン・ユンカーマン／スチール＝テオ・ペレティエ／宣伝美術＝宮川隆／
ポスト・プロダクション・コーディネーター＝ヴァレリ・ディヴェル／
製作事務局＝石田優子／プロダクション・マネージャー＝佐々木正明

音楽＝忌野清志郎
「ギビツミ」忌野清志郎／リトル・スクリーミング・レビュー、『Rainbow Cafe』より
「クラス」忌野清志郎／ラフィータフィー、『秋の十字架』より
「あふれる熱い涙」忌野清志郎／RC Succession、『Baby a Go Go』より

タイトル＝道川プロダクション／録音スタジオ＝ユルタ／現像所＝L.T.C.／SCANLAB（フランス）

協力＝リトル・モア、ベイビィズ、テレシスインターショナル、日本ヘラルド映画、東映化学、日本シネアーツ、Mulberry Studio、多々良陽子、柴田敦子、家本清美、鶴見俊輔、Anthony Arnove

THANKS TO : Bev Stohl, Linda Hoaglund, Genene Salman, Students for Justice in Palestine, Barbara Lubin, Penny Rosenwasser, Middle East Children's Alliance, Paul George, Peninsula Peace and Justice Center, Omar Antar, AECOM Muslim Students Association, Wasa Bishara, Committee for Azmi Bishara and the Minorities in Israel

特別協力＝ノーム・チョムスキー、キャロル・チョムスキー

## 解説

今年74歳になるノーム・チョムスキーは、現在もマサチューセッツ工科大学教授として研究を続ける言語学者。言語学の世界に革命をもたらし、京都賞を受賞するなど世界中でその業績が高く評価されている。一方で、ベトナム戦争以来、アメリカの外交政策を批判する活動を一貫して続けており、特に昨年の9月11日におきた同時多発テロ以降、彼の事実に基づいた鋭い政治評論と発言は、アメリカ内外で高い注目を集めている。

ロックバンドU2のボーカル、ボノが「飽くなき反抗者」と呼ぶ反骨の知識人、ノーム・チョムスキー。本作は、アメリカにおけるもっとも重要な「アメリカ批判者」であるチョムスキーの最新のインタヴューとその活動の記録である。

監督は、画家の丸木位里・丸木俊夫妻を描いた『劫火——ヒロシマからの旅』でアカデミー賞ドキュメンタリー部門にノミネートされたジャン・ユンカーマン。与那国でカジキと闘う82歳の老漁師を描いた『老人と海』で東京の劇場動員記録を塗り替え、日本庭園についてのドキュメンタリー「夢窓——庭との語らい」ではアメリカ・エミー賞を受賞した、ユンカーマン監督の待望の最新作である。

---

言語の根もとに最低限の道徳があり、それはテロと対立する。チョムスキーからの言いつたえ。
——**鶴見俊輔**（哲学者）

善悪の二元論に席巻されたと思っていたアメリカの深部で闘う知識人チョムスキーの、素敵な好々爺ぶりが可愛い。そこに渦まく聴衆の熱い歓迎ぶりに、一抹の希望が輝いて見える。
——**佐藤真**（映画監督）

---

## 監督の言葉——ジャン・ユンカーマン

9月11日のテロの後、この1年の間にチョムスキーは数百ものインタビューを受けている。大きな講演や海外講演ツアーは何年も前から決まるが、時間が許すかぎり、町のホールや大学での小さな講演が、タイトなスケジュールの隙間にぎっしり詰め込まれていく。

「チョムスキー効果」と呼ばれる現象があることも知った。彼の講演に参加した人たちは、自分が長い間、心に抱いていたけれど口にできなかった懸念について彼が語るのを聞いて、励まされる。

チョムスキーは何年も前に、自分の役割を意識的に選択したに違いない。世界をほんとうに変えようとする人たちに、事実と分析を、自分の口で、直接、伝えていこうと。それは、政治的な変革は地域コミュニティを基盤とする大衆社会のレベルで実現されるという、彼の信念の具現化である。

製作期間中、この映画の仮タイトルは『Chomsky Talks——チョムスキーは語る』だった。僕たちはその控えめな感じと単純さを気に入っていた。どちらもチョムスキーを特徴づける性質である。

彼の運動は語ることだ。自他ともに認めるように、彼は語るだけである。後の判断は聴衆の手に委ねられている。僕たちは、この映画もそういう映画にしたかった。ナレーションはつけない。ただチョムスキーが自分の考えを語り、問いを投げかけるだけ。答えは、大衆と政治的な舞台が決めることである。

この映画のなかでチョムスキーは、僕たちが直視すべき問題を提示している。そして、僕たちの当初の心配に反してこの映画は、彼の機知や、温かさや、ゆるぎない信念とともに、チョムスキーその人をも描き出すことができたと思っている。

## 映画はこうして始まった——ノーム・チョムスキー氏への最初の手紙より。

私があなたについての映画を作りたいと思い立った一番の動機は、2001年9月11日のニューヨーク同時多発テロおよびその後のアメリカ合衆国の一方的な武力行使に関する、あなたの発言に触発されてのことです。

私にとって最もショックだったのは、同時テロそれ自体よりも、その後のアメリカ合衆国のアフガニスタンに対する強権発動と、それに盲従し、なし崩し的に自衛隊を派遣した日本政府の対応、そしてそれらの事態に無批判に支持報道を繰り返した両国の主だったマスメディアの在り方でした。（もっとも、私を含めた日本の市民社会が抱える政治に対する諦念と不感症こそが、最初に問われるべき問題かもしれませんが）

そんな時、9・11後に各国マスメディアによって行われた、あなたへのインタビュー記事を読む機会を得ることができました。そこでのあなたの発言を通して、歴史の流れの中に生き生きと位置づけて理解することのできる情報と、それに対するあなたの明晰な分析と主張に触れることができ、私は心から勇気づけられたのでした。

「今私に何ができるだろうか、映画のプロデューサーとして何をなすべきか」ということを考えていた私にとって、答えはひとつでした。あなたに関する記録映画を作りたい、そして私が触発されたあなたの〝知識人〟としての信念と事にあたる時の態度といったものを、この映画を通して広く伝えたいと思ったのでした。

（2002年1月6日　シグロ・山上徹二郎）

---

チョムスキーの話しぶりはとても優しく穏やかだが、その強烈で力強い内容は私の心を打つ。知性の中の、眠っていた良心が目覚めさせられた。
——**チョン・テソン**（プサン国際映画祭・PPPディレクター）

ノームが語る政治についてのメッセージと彼の人柄の両方を、この映画は深く完璧にとらえている。偽りのないこの作品に、心から感動した。
——**キャロル・チョムスキー**（教育学者）

---

## チョムスキー氏からの返信。

あなたの手紙を、興味深くそして感謝とともに読みました。

私のスケジュールは非常にタイトで、かなり先まで細かく埋まっています。インタヴューをセッティングするのは易しいことではありませんが、可能性をさらに探ってみたいと思っています。大変興味をそそられています。

ところで、新聞や知識人たちによる雑誌に書かれていることは、こちらの世論の内容について非常に間違った印象を与えています。今回のケースでは、この200年間で初めて合衆国本土が攻撃されたにもかかわらず、戦争反対の声はこれまでで最も高いと言えるでしょう。

私のように話のできる立場の者には現在依頼が殺到しており、本当にそのごくごく一部しか受けることができない状態です。

知識人の意見が対外強硬主義的であることは事実ですが、こういう時は大体において常にそういう場合が多いということを念頭においたほうがいいでしょう。

インドシナにおける戦争ではそのような傾向がより一層強かったし、また世論の反戦意見が頂点に達した時でさえ、知識人の中には道義的な反戦論者——私の意味するのは、実業家たちのあいだでみられた「戦争は失敗で金がかかり過ぎている」という理由での反戦論者をこえる者のことですが——は皆無でした。

今現在、知識層の雑誌に書かれていることは、大衆の意見とは無関係なのです。大衆の意見を操作しようという目的があるとき以外は、ということですが。

（2002年1月8日　ノーム・チョムスキー）

# 映画の上映を進めています。

シグロでは、『チョムスキー9.11』のプリント貸出を受け付けています。地域や学校での上映会をご検討ください。35ミリプリントのほか、小規模・少人数での上映会にはビデオ、DVDもございます。また、チラシ・チケット・ポストカードなどもご用意しています。詳しくはシグロまでお問い合わせください。上映案内をお送り致します。

なお、リトル・モアより刊行されたこの本は、シグロによる記録映画『チョムスキー9.11』の製作と協力して進められたもので、映画の内容とも一部共通したものとなっています。

## 『チョムスキー9.11』DVD 2002年11月22日発売!!

**映画を完全収録のほか、特典映像つき。**
発売元:日本ヘラルド映画
販売元:パイオニアLDC
予価:2,500円(税別)
お問い合せ
TEL:03-5721-9876(パイオニアLDC)

**お問い合わせ・お申し込み**

(株)シグロ
〒164-0001 東京都中野区中野5-24-16中野第二コーポ210
TEL: 03-5343-3101 FAX: 03-5343-3102
e-mail: siglo@cine.co.jp 公式ホームページ www.cine.co.jp

Noam Chomsky

ノーム・チョムスキー(Noam Chomsky)
1928年、ペンシルバニア州フィラデルフィア生まれ。マサチューセッツ工科大学教授として研究を続ける言語学者。1950年代後半より生成変型文法理論の成果を発表、言語学の世界に革命をもたらす。1988年、認知科学分野への貢献により京都賞受賞。一方でベトナム戦争以降、アメリカの外交政策を批判する活動を一貫して続け、今日に至る。近著に『9.11』『「ならず者国家」と新たな戦争』『アメリカの「人道的」軍事主義』などがある。

鶴見俊輔　つるみ しゅんすけ
1922年、東京生まれ。ハーバード大学哲学科に学ぶ。戦後、都留重人、武谷三男、丸山真男らと『思想の科学』を刊行した。60年安保で東京工大助教授を辞職。以後、反戦運動の分野でも活躍。1982年『戦時期日本の精神史』で第九回大佛次郎賞、1990年『夢野久作』で第四十三回日本推理作家協会賞を受賞。『アメリカ哲学』『戦後日本の大衆文化史』など著書多数。

**Noam Chomsky　ノーム・チョムスキー**

2002年9月16日初版第1刷発行
2003年3月6日初版第4刷発行

監修　鶴見俊輔

デザイン　宮川隆
カバー写真　川内倫子
協力　ジャン・ユンカーマン　松本薫

発行者　孫家邦
発行所　株式会社リトル・モア
〒107-0062東京都港区南青山3-3-24　電話 03-3401-1042
e-mail info@littlemore.co.jp　URL http://www.littlemore.co.jp

印刷所・製本所　凸版印刷株式会社

　ISBN4-89815-081-0 C0031